TERCEIRIZAÇÃO
UMA LEITURA CONSTITUCIONAL E ADMINISTRATIVA

ABHNER YOUSSIF MOTA ARABI
VALTER SHUENQUENER DE ARAUJO

TERCEIRIZAÇÃO
UMA LEITURA CONSTITUCIONAL E ADMINISTRATIVA

Belo Horizonte

2018

© 2018 Editora Fórum Ltda.

É proibida a reprodução total ou parcial desta obra, por qualquer meio eletrônico, inclusive por processos xerográficos, sem autorização expressa do Editor.

Conselho Editorial

Adilson Abreu Dallari
Alécia Paolucci Nogueira Bicalho
Alexandre Coutinho Pagliarini
André Ramos Tavares
Carlos Ayres Britto
Carlos Mário da Silva Velloso
Cármen Lúcia Antunes Rocha
Cesar Augusto Guimarães Pereira
Clovis Beznos
Cristiana Fortini
Dinorá Adelaide Musetti Grotti
Diogo de Figueiredo Moreira Neto
Egon Bockmann Moreira
Emerson Gabardo
Fabrício Motta
Fernando Rossi
Flávio Henrique Unes Pereira

Floriano de Azevedo Marques Neto
Gustavo Justino de Oliveira
Inês Virgínia Prado Soares
Jorge Ulisses Jacoby Fernandes
Juarez Freitas
Luciano Ferraz
Lúcio Delfino
Marcia Carla Pereira Ribeiro
Márcio Cammarosano
Marcos Ehrhardt Jr.
Maria Sylvia Zanella Di Pietro
Ney José de Freitas
Oswaldo Othon de Pontes Saraiva Filho
Paulo Modesto
Romeu Felipe Bacellar Filho
Sérgio Guerra
Walber de Moura Agra

Luís Cláudio Rodrigues Ferreira
Presidente e Editor

Coordenação editorial: Leonardo Eustáquio Siqueira Araújo

Av. Afonso Pena, 2770 – 15º andar – Savassi – CEP 30130-012
Belo Horizonte – Minas Gerais – Tel.: (31) 2121.4900 / 2121.4949
www.editoraforum.com.br – editoraforum@editoraforum.com.br

A658t	Arabi, Abhner Youssif Mota
	Terceirização: uma leitura constitucional e administrativa / Abhner Youssif Mota Arabi, Valter Shuenquener de Araujo.– Belo Horizonte : Fórum, 2018.
	182 p.
	ISBN: 978-85-450-0440-0
	1. Direito Público. 2. Direito Constitucional. 3. Direito Administrativo. I. Araujo, Valter Shuenquener de . II. Título.
	CDD 341
	CDU 342

Informação bibliográfica deste livro, conforme a NBR 6023:2002 da Associação Brasileira de Normas Técnicas (ABNT):

ARABI, Abhner Youssif Mota; ARAUJO, Valter Shuenquener de. *Terceirização*: uma leitura constitucional e administrativa. Belo Horizonte: Fórum, 2018. 182 p. ISBN 978-85-450-0440-0.

Maria, Nasser e Arthur: uma vez mais, a vocês.

Abhner Youssif Mota Arabi

*Dedico este livro a minha eterna e amada esposa, Camila,
e a meus dois filhos, Rodolfo e Olívia, a quem agradeço
por tudo e por quem nutro o mais profundo amor.*

Valter Shuenquener de Araujo

SUMÁRIO

INTRODUÇÃO 9

CAPÍTULO 1
A GÊNESE DA TERCEIRIZAÇÃO 15

CAPÍTULO 2
AS RELAÇÕES DE TRABALHO SOB A
PERSPECTIVA CONSTITUCIONAL 25
2.1   O valor constitucional do trabalho 25
2.2   A dimensão trabalhista da dignidade da pessoa humana 29
2.3   O domínio normativo da relação de emprego 48

CAPÍTULO 3
A POSSIBILIDADE CONSTITUCIONAL DA
TERCEIRIZAÇÃO 63

CAPÍTULO 4
A TERCEIRIZAÇÃO COMO PRÁTICA MUNDIAL:
O FENÔMENO NO DIREITO COMPARADO E NA
ORDEM JURÍDICA INTERNACIONAL 73

CAPÍTULO 5
A EVOLUÇÃO NORMATIVA DA
TERCEIRIZAÇÃO NO BRASIL 83

CAPÍTULO 6
A TERCEIRIZAÇÃO DE ATIVIDADES-FIM 101
6.1   Critérios diferenciadores entre atividades-meio e
      atividades-fim 102
6.2   Terceirização de atividade-fim: por que não? 108

CAPÍTULO 7
A TERCEIRIZAÇÃO NA ADMINISTRAÇÃO PÚBLICA 113

CAPÍTULO 8
A LEI BRASILEIRA DE TERCEIRIZAÇÃO: AS ALTERAÇÕES PROMOVIDAS PELAS LEIS Nº 13.429/2017 E Nº 13.467/2017 121

CAPÍTULO 9
A JUDICIALIZAÇÃO DA TERCEIRIZAÇÃO NO SUPREMO TRIBUNAL FEDERAL 139

CONCLUSÕES 147

REFERÊNCIAS 157

ANEXOS

ANEXO I
LEI Nº 13.429, DE 31 DE MARÇO DE 2017 163

ANEXO II
LEI Nº 13.467, DE 13 DE JULHO DE 2017 169

ANEXO III
LEI Nº 6.019/74 173

INTRODUÇÃO

O trabalho é dimensão da vida social que ocupa importante espaço da condição humana. A partir da divisão das tarefas e da especialização das formações profissionais, é o trabalho a principal forma de subsistência na atual sociedade capitalista, além de significar importante instrumento para a formação de elos sociais intersubjetivos em um ambiente em que se passa grande parte do dia, muitas vezes mais até do que cada um vive com sua própria família.

Essas constatações iniciais já seriam suficientes para assentar a necessidade de que o trabalho, seu ambiente, suas consequências e seus problemas sejam objeto de tutela estatal específica, a envolver a atuação Executiva, Legislativa, Judicial, e a formulação de políticas públicas especificamente voltadas a tal setor. Trata-se, aliás, de aspecto que envolve questões jurídicas, sociais, econômicas, de saúde, do meio ambiente laboral, cenário que demanda um tratamento conjunto, estruturado e multidisciplinar para a matéria.

Ademais, há que se considerar que, apesar de todos os sucessivos e céleres avanços tecnológicos e de suas aplicações ao processo produtivo, muitas vezes direcionados à substituição do trabalho humano pelo das máquinas e pela busca da redução dos custos de produção, a pessoa humana deve ser o ponto central da construção de uma tutela estatal das relações de trabalho. É que, apesar dos diversos fatores e interesses envolvidos, há que se imprimir às relações de trabalho e à sua disciplina jurídica uma filtragem constitucional, de modo a se atingir um Direito do Trabalho constitucionalizado.

Afirmar a necessidade da contínua constitucionalização do Direito do Trabalho significa apropriar-se do princípio da dignidade da pessoa humana, dispensando a ele uma dimensão de natureza trabalhista em que o trabalhador jamais seja afirmado como meio ou instrumento à proteção de qualquer outro interesse, mas que se torne, invariavelmente, um fim em si mesmo. Essa preocupação, aliás, deve estar presente não apenas na atuação estatal, mas também nas relações privadas, especialmente naquelas entre trabalhador e para quem este presta seu trabalho, diante da necessidade de reafirmação da eficácia horizontal dos direitos fundamentais. É nesse sentido que aqui se desenvolverá o conceito de uma *dimensão trabalhista da dignidade da pessoa humana*, em que a atuação estatal – mas não só ela – deve guiar-se pela concepção inicial da proteção do trabalho digno como verdadeiro direito fundamental da pessoa humana, não bastando para tanto a mera existência de postos de trabalho aos que assim desejarem, mas que estes sejam definidos e realizados como instrumentos destinados ao desenvolvimento da personalidade de cada pessoa humana, como meio para sua plena satisfação pessoal e a realização de seu projeto de vida, à luz dos valores e princípios constitucionais que fundamentam e legitimam, de forma normativa e obrigatória, todos os institutos jurídicos pertinentes às relações de trabalho.

Entretanto, há que se ter presente que essa mesma ordem constitucional que assegura a proteção às relações de trabalho e à dignidade do trabalhador, assenta como princípios igualmente normativos a livre concorrência e a liberdade de iniciativa como fatores estruturantes da ordem econômica brasileira. Não que isso signifique necessária redução da condição jurídica do trabalhador, mas eles também são valores constitucionais a serem tutelados pela regulamentação estatal das relações de trabalho. Nos casos em que haja risco de potencial confronto entre tais valores possivelmente conflitantes, deve-se buscar a conciliação de suas aplicações, resguardando, sempre, o núcleo essencial dos direitos fundamentais. Desde logo se destaca que essa ação conciliatória não deve ocorrer, unicamente, no âmbito do Poder Judiciário e diante de casos concretos que lhe sejam apresentados. A extração da eficácia ótima de princípios constitucionais em rota de colisão é medida que, também, pode ser conduzida pelo Legislativo, que atua de forma abstrata e genérica, revelando-se como uma instância democrática igualmente competente para a promoção da interpretação constitucional no âmbito de suas atribuições, delimitadas pelo princípio da separação dos poderes.

Sob essa abordagem constitucionalizada, aqui introdutoriamente apresentada, é que no presente livro se pretende analisar o fenômeno da terceirização, atribuindo-lhe uma nova leitura, focada, especialmente, nos princípios gerais do Direito Constitucional e do Direito Administrativo. Sua ocasional impossibilidade e seus limites serão investigados sempre à luz da norma constitucional, sem que se furte da análise de todo o arcabouço normativo infraconstitucional pertinente à matéria.

Buscar-se-á, inicialmente, apresentar fatores históricos e sociológicos que potencializaram o surgimento, no âmbito da organização do processo produtivo, da prática da terceirização. A partir da explicitação de sua gênese, já restará claro como a terceirização é fenômeno de ampla dimensão social e cujos efeitos se espraiam para diversos setores e projeções da sociedade.

Na sequência, serão abordadas as relações de trabalho sob sua perspectiva constitucional, identificando seu regime de proteção e os direitos fundamentais envolvidos. Nesse momento, é que, a partir da expressão "valor social do trabalho", construir-se-á o conceito da *dimensão trabalhista da dignidade da pessoa humana*, e, com lastro no texto constitucional (especialmente seu art. 7º, I), identificaremos o domínio normativo das relações de trabalho. Essa tarefa permitirá apontar quais as consequências protetivas decorrentes diretamente do texto constitucional, bem como quais afirmações não decorrem diretamente de tal cenário, tampouco parecem integrar seu conteúdo jurídico.

Nesse processo de indagação constitucionalmente orientado, buscar-se-á assentar a possibilidade constitucional da terceirização, bem como identificar seus limites, constatados a partir da dignidade do trabalhador e do domínio normativo das relações de trabalho. De modo semelhante, apresentam-se alguns aspectos do tratamento jurídico da terceirização no direito comparado, especialmente em países de tradição constitucional semelhante à brasileira, e na ordem jurídica internacional, como fenômeno mundial que é.

A partir desse contexto geral, a evolução normativa da terceirização no Brasil será objeto de capítulo específico, em que se expõe a sucessão das principais leis e atos normativos referentes ao tema, bem como seu tratamento jurisprudencial. Aqui exsurgirão questões como a distinção entre atividades-meio e atividades-fim, suas consequências para consideração de uma terceirização como lícita ou ilícita, tal qual entendimento presente na conhecida Súmula nº 331 do Tribunal Superior do Trabalho. Não se passará despercebido pelas recentes Leis nº 13.429/2017 e nº 13.467/2017, cuja análise detida também se impõe, projetando-se algumas ideias iniciais sobre tais novidades legislativas, objeto de uma aplicação ainda incipiente.

Nesse cenário normativo, a suficiência do critério diferenciador das atividades-meio das atividades-fim será objeto de análise crítica, assim como a própria distinção em si, cujas limitações e subjetivismos parecem recomendar a sua não adoção. De modo semelhante, a pretensão é de superar o entendimento mais tradicional que afirma a impossibilidade de terceirização de atividades-fim de determinada atividade econômica, com a indicação de uma nova leitura dos limites para sua admissão, conforme a ordem constitucional e o regime jurídico infraconstitucional atualmente vigente no ordenamento brasileiro.

A terceirização na Administração Pública será, também, tema de apreciação específica, oportunidade em que se apontarão alguns contornos que parecem evidenciar as fronteiras de sua possibilidade à luz das limitações constitucionais do concurso público e da impossibilidade de realização de atividades típicas de Estado por terceiros não integrantes dos quadros estatais. Sem que essas limitações impliquem a total inadmissibilidade da terceirização no âmbito público, indicam-se casos em que tal prática mostra-se possível, independentemente da distinção entre atividades-fim e atividades-meio dos órgãos estatais.

Por fim, apresenta-se o atual cenário da judicialização do tema da terceirização junto ao Supremo Tribunal Federal, em razão da iminência de a matéria ser detidamente decidida por aquela Corte, justamente sob um viés publicista de envergadura constitucional. É que são vários os processos em que a temática será analisada pelo STF, todos eles identificados e abordados em capítulo próprio.

Nesse aspecto, cumpre destacar a função atribuída ao Supremo Tribunal Federal, enquanto guardião-mor da Constituição da República, de conceder uma resposta à sociedade acerca do modo como deve ser entendida – no terreno das garantias individuais e fundamentais – a possibilidade ou impossibilidade de contratação de trabalhadores por empresa interposta, definindo-se os limites constitucionais a tal prática econômica, mais comumente denominada de terceirização.

Sob esse enfoque, a presente obra propõe-se a perquirir o fenômeno jurídico da terceirização sob uma leitura eminentemente constitucional, e, quando for o caso, filtrada pelo Direito Administrativo, investigando os limites para sua admissibilidade pela ordem jurídica brasileira, bem como estabelecendo balizas e parâmetros para sua caracterização, de modo a assegurar a racionalidade e a segurança jurídica a respeito desse aspecto essencial da convivência em sociedade.

Com efeito, a controvérsia sob análise possui íntima conexão com um dos temas mais sensíveis e caros à classe dos trabalhadores deste país: o respeito ao próprio trabalho e aos direitos sociais que decorrem dessa relação jurídica. Apesar de a temática ser comumente analisada no âmbito do Direito do Trabalho, e assim também no âmbito da respectiva Justiça trabalhista, a prática da terceirização deve passar por uma leitura *constitucionalizada*, que, certamente, possibilita sua melhor compreensão.

Nesse sentido, além dos vários dispositivos constitucionais que destinam tratamento específico ao valor do trabalho e da livre-iniciativa na ordem jurídica brasileira, a temática da terceirização é, também, analisável sob o aspecto do direito geral à liberdade, insculpido no art. 5º, II, da CRFB/88, segundo o qual "ninguém será obrigado a fazer ou deixar de fazer alguma coisa senão em virtude de lei". Sob esse aspecto, como se verá, há os que argumentam que os limites a serem impostos pela ordem jurídica à intermediação de mão de obra apenas seriam admissíveis se estipulados por meio de lei em sentido formal, sem a qual não estariam os particulares, e, em especial, os empregadores, impedidos de realizar tal prática, resolvendo-se a questão no âmbito da autonomia e da liberdade individuais.

Não se desconhece que o tema a ser enfrentado é deveras espinhoso e dos mais polêmicos na sociedade contemporânea, dando margem a profundos debates doutrinários e nos tribunais acerca dos limites constitucionais da terceirização. Debates esses que, muitas vezes, parecem guiar-se por análises apaixonadas da questão, para um lado ou para outro. É desse tipo de abordagem que este livro pretende se afastar, trazendo aspectos publicistas à matéria da terceirização, sem qualquer comprometimento prévio com qualquer das posições existentes.

Como se pretende demonstrar, o tema da terceirização merece análise mais detida e sistemática, que avalie, também, o arcabouço constitucional e seu domínio normativo, capazes de influenciar essa matéria tão complexa e que compreende aspectos econômicos, políticos, sociais e jurídicos. Sob uma perspectiva constitucional, a terceirização de mão de obra é temática dotada de um contorno multidisciplinar que não pode ser investigada apenas sob o olhar de um único ramo do Direito. Igualmente, como conceito modernamente essencial das relações de trabalho, deve-se proceder em relação à terceirização à luz de concepções teóricas publicistas dos Direitos Constitucional e Administrativo, sendo este o mote principal e declarado da presente obra que, mais do que analisar o quadro normativo-legislativo que hoje se tem, pretende lançar algumas possíveis contribuições para o debate do tema.

CAPÍTULO 1

A GÊNESE DA TERCEIRIZAÇÃO

A terceirização é um fenômeno que, apesar de sua definição e regulação jurídicas, produz efeitos amplos, alcançando as dimensões social, econômica e sociológica. Sob essa última ótica, a ideia de *terceirização* surge, enquanto processo de desconcentração da produção, de forma altamente vinculada a mudanças implementadas na organização das atividades econômicas predominante no mundo ocidental. A partir da década de 70 do século XX, o processo de expansão do modelo *toyotista* de produção pelos países de tradição capitalista disseminou a proposta de substituição da antiga ideia de fabricação verticalizada (em que os grandes conglomerados industriais encarregavam-se de todas as etapas produtivas até que fosse alcançado o produto final), por um novo modelo que propugnava pela acentuada especialização nas diversas etapas de produção, pulverizando-as em empresas menores que melhor pudessem gerir os recursos materiais e humanos naquela atividade que lhe era incumbida. Essa nova proposta, que se alastrou rapidamente como tentativa de incremento de qualidade e de eficiência no processo produtivo industrial, tinha por objetivo principal o incremento da eficiência e a redução dos custos de produção, trazendo consigo severos impactos nas relações de trabalho, elemento essencial da atividade produtiva.

Com efeito, sob essas novas premissas de horizontalidade e de redução de gastos operacionais, a *terceirização (de atividade)* colocava-se como elemento nuclear de um novo padrão industrial de produção. Inicialmente, em um processo mais simplificado, irrompe como um caminho para a aquisição de produtos acabados junto a outros agentes produtores, com vistas à confecção de um produto final. A título de ilustração: em uma indústria automotiva, em lugar de se produzir todos os elementos necessários à fabricação de um carro, passa-se a *terceirizar* a aquisição de pneus, faróis e autopeças em geral como produtos finais acabados, para que, posteriormente reunidos, chegue-se a um novo produto final: o carro.

Com o passar do tempo, porém, essa ideia se desenvolve e se complexifica, deixando de se vincular apenas aos insumos ou às etapas de produção, passando a alcançar, também, os recursos humanos inerentes à própria atividade produtiva. É a partir desse fenômeno que o termo *terceirização (de mão de obra)* inaugura o processo de intermediação de trabalho, pelo qual se transfere aos funcionários de uma empresa contratada a execução de serviços inicialmente desempenhados por aquela primeira unidade produtiva.[1] Em outros termos: opera-se uma separação entre as figuras do tomador de serviços e daquele perante o qual o empregado possui um vínculo jurídico-trabalhista formal, vale dizer, o empregador.

Sobre essa vinculação, Gabriela Neves Delgado e Helder Santos Amorim assim dispõem:

> A terceirização é elemento nuclear do modelo toyotista de produção que se construiu na plataforma econômica brasileira, seja por refletir, em suas premissas constitutivas, os principais fundamentos gerenciais do toyotismo, seja por sua significativa abrangência no mercado de trabalho.
> A implantação do fenômeno da terceirização no Brasil é resultado de processo periódico, gradual e incisivo de inserção do modelo toyotista de produção no país, sobretudo a partir dos anos 1990.
> A terceirização trabalhista reflete, em seu modelo de gestão empresarial, os principais fundamentos constitutivos toyotistas, desenvolvendo

---

[1] Nesse sentido é que Márcio Túlio Viana diferencia duas formas de terceirização: "*A primeira forma – que já era comum na indústria de automóvel – pode ser chamada de externa. Em vez de fabricar todo o produto, a empresa joga para fora as etapas de sua produção. Hoje, essa prática não só aumentou (a empresa externaliza mais etapas) como se espalhou (empresas que não faziam isso passaram a fazer). Já a segunda forma de terceirizar funciona ao contrário. Em vez de usar os seus próprios empregados para produzir bens ou serviços, a empresa traz para dentro trabalhadores de outra. E essa outra vive disso [...]*" (VIANA, Márcio Túlio. *70 anos de CLT*: uma história de trabalhadores. Brasília: Tribunal Superior do Trabalho, 2013, p. 119). É especialmente essa segunda forma de terceirização sobre a qual se estabelecem as principais divergências teóricas e práticas, sendo esta o objeto do presente livro.

novos arquétipos de acúmulo de capital estruturados no neoliberalismo e diferenciados modelos de contratação e de organização dos trabalhadores.[2]

Desse modo, exsurge a alegação de que a propagação dessa nova técnica produtiva de intermediação de mão de obra teria ensejado inegáveis efeitos socioeconômicos, muito além dos jurídicos, tais como: (i) despedidas significativas de empregados em grandes empresas, que despertam para focar suas atividades no escopo mais central de sua produção; (ii) a maior rotatividade da mão de obra contratada; (iii) redução do número de postos de empregos diretos;[3] (iv) aumento das relações trabalhistas temporárias e informais; (v) menor média dos níveis salariais em setores tipicamente terceirizados;[4] (vi) maior carga horária média de trabalho para os empregos indiretos; (vii) maior índice de acidentes do trabalho entre os terceirizados, já que normalmente ocupam postos que oferecem condições mais arriscadas e precárias; (viii) maior dificuldade da afirmação de identidade pessoal e profissional do trabalhador, haja vista que a atividade desenvolvida passa a se associar a uma característica genérica e imprecisa, possivelmente prestada a distintos tomadores de seu trabalho, sem a formação de uma classe

---

[2] DELGADO, Gabriela Neves; AMORIM, Helder Santos. *Os limites constitucionais da terceirização*. São Paulo: LTr, 2014, p. 13.

[3] Por *empregos diretos*, faz-se referência àqueles em que o tomador do serviço coincide com a pessoa jurídica que formalmente figura como contratante do trabalhador.

[4] Tais afirmações estatísticas são baseadas no estudo "Terceirização e Desenvolvimento – uma conta que não fecha", promovido sob a coordenação da Secretaria Nacional de Relações de Trabalho (SRT/CUT) com a participação do DIEESE – Departamento Intersindical de Estatística e Estudos Socioeconômicos, publicado em 2014. Disponível em: <https://cut.org.br/system/uploads/ck/files/Dossie-Terceirizacao-e-Desenvolvimento.pdf>. Acesso em: set. 2017. Entretanto, as análises dessa pesquisa são fruto de forte crítica, a partir da constatação de que as afirmações de diferença salarial entre os trabalhadores terceirizados e os trabalhadores empregados diretamente com os seus tomadores de serviço não consideram as distinções das atividades realizadas. Considerando que o entendimento atualmente predominante na Justiça trabalhista brasileira assente a possibilidade de terceirização apenas de atividades-meio, parece exsurgir intuitivo que os salários dos terceirizados serão menores, quando não sejam comparados com trabalhadores não terceirizados que desempenhem funções semelhantes. No exemplo de um hospital, por exemplo, em que esse entendimento afirma a possibilidade de terceirização das funções de vigilância e não das de médico, chega-se à constatação de que o salário do trabalhador terceirizado é inferior ao do trabalhador não terceirizado. A análise resta, portanto, bastante limitada e sem qualquer relevância prática ou teórica quando não considera, em sua coleta de dados estatísticos, a equivalência ou não das atividades comparadas.

profissional específica; (ix) obstáculos para a formação de entidades sindicais representativas e o respectivo enquadramento dos trabalhadores terceirizados nessas associações coletivas, entre outros.[5] Esses supostos efeitos reclamam uma análise jurídica detida sobre os limites constitucionais dessa prática empresarial denominada terceirização e que, também, é adotada de forma expressiva pela Administração Pública brasileira.[6]

Paralelamente a esse processo de modificação e evolução[7] das relações de trabalho, com seus inegáveis efeitos produzidos sob a dinâmica social, destacadamente em sua perspectiva socioeconômica, algumas consequências jurídicas começaram a surgir. É que "apesar de se conceber o Direito como um sistema social autônomo, este deve ser também considerado como um instrumento de política social e econômica, em que as definições jurídicas refletem inevitáveis consequências socioeconômicas", ao

---

[5] Nesse sentido, DELGADO, Gabriela Neves; AMORIM, Helder Santos. *Os limites constitucionais da terceirização*. São Paulo: LTr, 2014.

[6] Nesse contexto, não se pode deixar de destacar alguns aspectos estatísticos sobre o mercado de trabalho da terceirização no Brasil. Segundo dados publicados em 2014, constata-se que os trabalhadores terceirizados perfaziam, no ano de 2013, 26,8% do mercado formal de trabalho, número possivelmente subestimado, tendo em vista que não considera dados do mercado informal. Uma vez mais, os dados foram retirados do estudo denominado "Terceirização e Desenvolvimento – uma conta que não fecha", acima já referenciado. O ponto, porém, será mais especificamente retomado adiante.

[7] O termo *evolução* é empregado na presente obra para significar a sucessão temporal de fatos ao longo da história, sem que com ele se queira expressar, necessariamente, um juízo de valor quanto à superioridade do fato sucessor em relação ao seu fato sucedido. Nesse sentido, aproxima-se de uma concepção luhmanniana de evolução, em que se associa o conceito de evolução ao de diferença. No dizer de LUHMANN: "Utilizaremos o conceito de evolução de Darwin, que apesar de poder ser melhorado, é uma das conquistas mais importantes do pensamento moderno. Sem embargo desta denominação etimológica, não a utilizaremos como um argumento comparativo, mas como referência de uma teoria geral da evolução que pode encontrar aplicações em campos muito diversos. Preferimos esta teoria porque parte de um conceito teórico da diferença. Seu tema não é a unidade da histórica como desenvolvimento de um princípio até os nossos dias, mas, mais restritamente, as condições de possibilidade das mudanças estruturais não planejados e a explicação da diversidade (ou a gradação da complexidade)". LUHMANN, Niklas. *El derecho de la sociedad*. México: Universidad Iberoamericana, 2002, p. 172. Tradução livre de "Utilizaremos el concepto de evolución de Darwin que, a pesar de que puede ser mejorado, cuenta como una de las conquistas más importantes del pensamiento moderno. Sin embargo esta denominación etimológica no la emplearemos como un argumento analógico, sino como referencia a una teoría general de la evolución que puede encontrar aplicaciones en muy diversos campos. Preferimos esta teoría porque parte de un concepto teórico de la diferencia. Su tema no es la unidad de la historia como desarrollo de un principio hasta nuestros días, sino, más restringidamente, las condiciones de posibilidad de los cambios estructurales no planificados y la explicación de la diversidad (o la gradación de la complejidad)."

mesmo tempo que "as transformações sociais, políticas e econômicas pelas quais passa uma sociedade acarretam implicações nas relações jurídicas, mediante um processo de irritação mútua que ocasiona a ressignificação e a complementação do sentido do Direito", de modo a se desenvolverem "novos códigos que lhe permitem, a um só tempo, integrar-se e distinguir-se do meio externo, aperfeiçoando sua operacionalidade".[8] Assim é que o surgimento dessa nova forma de organização das relações de produção e do modo de organização do trabalho acarretou mudanças legislativas, que procuravam atribuir tratamento jurídico a uma prática econômica que, então, passava a se espalhar.

A evolução normativa da terceirização no Brasil será objeto de tratamento próprio no Capítulo 5 deste livro, mas, desde já, destaca-se que, a partir do final da década de 1960, começaram a surgir leis para regular o fenômeno da terceirização e questões a ela diretamente relacionadas. Uma das mais recentes é a Lei nº 13.429, de 31 de março de 2017, que alterou dispositivos da Lei nº 6.019/1974 (que trata do trabalho temporário), dispondo ainda sobre as relações de trabalho na empresa de prestação de serviços a terceiros. Outra recente inovação legislativa é a Lei nº 13.467/2017, que promoveu alterações nessa mesma Lei nº 6.019/1974 e, também, na Consolidação das Leis do Trabalho (CLT), no escopo do que se promoveu chamar de *reforma trabalhista*.

Cumpre destacar que a Consolidação das Leis do Trabalho (Decreto-Lei nº 5.452/1943) é diploma da década de 1940, que reflete contexto histórico e normativo muito diverso do que depois se passou a viver e, mais ainda, daquele que hoje se experimenta. Como se sabe, ocorreram, ao longo de tal período, os mais variados acontecimentos sociais, econômicos, geopolíticos e tecnológicos que impactaram diretamente a vida social, não ocorrendo de modo diverso no âmbito das relações de trabalho e de sua organização.

Com efeito, a princípio, o Decreto-Lei nº 5.452/1943 exsurge como um verdadeiro compêndio – uma *consolidação* – de diversas

---

[8] ARABI, Abhner Youssif Mota. Direito e tecnologia: relação cada vez mais necessária. *Jota*, 04 jan. 2017. Disponível em: <www.jota.info/artigos/direito-e-tecnologia-relacao-cada-vez-mais-necessaria-04012017>. Acesso em: set. 2017.

leis trabalhistas esparsas então existentes, fazendo-o, na maioria das vezes, de forma setorial. Em razão desse verdadeiro amálgama é que se afirma ser a CLT "um pouco cigana: traz as marcas de tempos e lugares diferentes".[9] Assim é que, diferentemente da tradicional formação de outros diplomas normativos setoriais, não se tratava de um *Código*, mas de uma *Consolidação*, isto é, uma sistematização de leis até certo ponto, então, já existentes.[10]

Em um cenário mais amplo, a difusão do Direito do Trabalho e da preocupação com a fixação no ordenamento de direitos e garantias especialmente destinados aos trabalhadores decorre da própria ascensão dos direitos sociais no cenário pós-Primeira Guerra Mundial. Nesse sentido é que se destaca o aparecimento de um Constitucionalismo social, em que não se contenta com a mera proteção da igualdade formal e dos direitos fundamentais ditos *negativos* (como as concepções liberais de vida, liberdade e propriedade), mas também daqueles *positivos*, isto é, dos que demandam, para sua concretização e efetiva implementação, condutas estatais positivas, identificáveis no mundo real. Aqui, destacam-se textos normativos como a Constituição Mexicana de 1917 – cujo centenário foi recentemente completado – e a Constituição de Weimar de 1919. Destaca-se que foi nesse contexto, por exemplo, que se criou a Organização Internacional do Trabalho (OIT) em 1919, como parte do Tratado de Versalhes, que formalmente colocou termo final à Primeira Guerra Mundial. Ainda, o cenário econômico que ensejou a Crise de 1929 representou, à época, marco consolidador da necessidade de maior regulação e intervenção estatal, também, no âmbito da atividade econômica, especialmente em nome da proteção de valores sociais almejados por uma dada sociedade.

No âmbito interno, tinha-se um país recém-republicanizado, de matriz econômica ainda fortemente agrária e que, a partir da Era

---

[9] VIANA, Márcio Túlio. *70 anos de CLT*: uma história de trabalhadores. Brasília: Tribunal Superior do Trabalho, 2013, p. 75.

[10] É claro que a publicação da CLT não representa, apenas, uma sistematização do que já existia em termos normativos, apesar de ter sido esse seu objetivo principal. Ao longo de sua elaboração, foram feitos melhoramentos, articulações e complementos, ainda que tenham sido deixados de fora trabalhadores como os domésticos, os rurais e os servidores públicos. Em todo caso, não se pretende em hipótese alguma retirar a sua importância histórica e, até mesmo, seu caráter inovador que à época representou.

Vargas na década de 1930, começava a passar por um mais intenso processo de industrialização e urbanização.[11] Convém rememorar que a escravidão havia sido formalmente extinta não havia muito, de modo que o país experimentou um lento e tardio processo de industrialização e, assim também, de urbanização.

Em todo caso, ainda que não tenha servido exclusivamente a interesses dos trabalhadores e à sua proteção, pode-se afirmar que a consolidação de atos normativos destinados à regulação jurídica das relações de trabalho foi um grande marco da assim chamada Era Vargas. Há até quem aponte que, entre os vários projetos de Getúlio, tal como o de industrializar o país, o trabalhista teria sido o seu maior.[12] Ao mesmo tempo, porém, fazia-se acreditar, em retrato de uma visão paternalista estatal, que a CLT representava um *presente* concedido pelo Poder Público aos trabalhadores,[13] além da camuflada tentativa de o Estado controlar, também, a organização coletiva destes últimos.

Apesar de sua multitematicidade, e de suas alterações legislativas ao longo do tempo, pode-se afirmar que toda a CLT desenvolve-se em torno de um conceito central: a relação de emprego, como aquela tradicionalmente estabelecida entre o empregador (pessoa jurídica) e o empregado (pessoa física), em um vínculo jurídico não eventual e oneroso de subordinação e

---

[11] Além do processo de industrialização, outro fator que impulsionou o florescimento da legislação trabalhista no Brasil foi a chegada de imigrantes europeus, inclusive quanto à formação de entidades sindicais representativas dos interesses dos trabalhadores. Como em outra oportunidade um dos autores já assentou: "A partir de 1930, durante o governo de Getúlio Vargas, começou a se dar de forma mais expressiva o processo de industrialização brasileira. Tal fato, em conjunto com o aumento do número de imigrantes europeus, os quais traziam ideias já sedimentadas na atuação operária de lá, possibilitou o maior florescimento e desenvolvimento do sistema sindical brasileiro". ARABI, Abhner Youssif Mota. Liberdade Sindical no Brasil: surgimento, evolução e novas perspectivas do contexto pós-88. *Revista Publius*, v. 1, jan./jun. 2014, p. 6. Disponível em: <http://www.periodicoseletronicos.ufma.br/index.php/rpublius/article/view/3292/1323>. Acesso em: set. 2017.

[12] VIANA, Márcio Túlio. *70 anos de CLT*: uma história de trabalhadores. Brasília: Tribunal Superior do Trabalho, 2013, p. 43.

[13] Sobre o ponto, afirma Marco Túlio Viana que "o pacote de Getúlio não continha apenas o presente: houve lutas, conflitos, contradições. Apesar de toda a propaganda, nem sempre aquele presente foi recebido, mesmo, como um presente. A CLT não foi só doação do pai, nem apenas exigência dos filhos. E decerto foi muito mais do que os trabalhadores esperavam. Nesse sentido, foi quase uma surpresa – uma boa surpresa – e talvez fosse difícil, mesmo para eles, ligar aquele presente (nos dois sentidos da palavra) com o seu passado ou seu futuro" (*Ibidem*, p. 60).

pessoalidade. Entretanto, o Direito do Trabalho não se resume à relação de emprego, tampouco é representado em sua inteireza pela CLT. É dizer: mais do que a proteção do emprego, impõe-se a proteção das relações de trabalho, em geral, sobretudo à luz da dinamicidade e da complexidade das relações sociais na atual *sociedade de risco*.[14]

De todo modo, as sucessivas tentativas de acompanhamento da realidade social pelo ordenamento jurídico nem sempre são suficientes. É que, na maioria das vezes, os fatos sociais desenvolvem-se com dinamicidade e velocidade bastante superiores àquelas que o quadro normativo estatal consegue imprimir. Entretanto, na análise do quadro normativo disciplinador de qualquer ramo do Direito, o que jamais se pode ignorar é a superveniência, em 1988, da Constituição da República Federativa do Brasil, carregada de direitos fundamentais, garantias individuais, direitos sociais e de uma gama de valores e princípios jurídicos que adquirem, ao lado das regras, força normativa e vinculante.[15]

Entre seus conceitos primordiais – aliás, trata-se de um expresso fundamento da República (art. 1º, III, da CRFB/88) –, a nova ordem constitucional erigiu como axial a dignidade da pessoa humana, a partir da qual se opera um processo de personificação do ordenamento jurídico, em que a pessoa humana, e apenas ela, constitui o único conceito que representa uma finalidade em si mesmo, instituto a que todos os outros devem servir de meio, de instrumento. Também no âmbito das relações de trabalho, como atividade essencial da vivência humana, deve-se buscar uma *dimensão trabalhista da dignidade da pessoa humana*.

Nesse cenário, e sob uma perspectiva constitucional, a investigação voltada para a identificação dos limites da intermediação de mão de obra revela um permanente estado de tensão entre preceitos igualmente relevantes contidos na Carta de 1988. Livre iniciativa (art. 170 da CRFB/88); autonomia e autodeterminação dos indivíduos; valor social do trabalho (art. 1º, IV, da CRFB/88);

---

[14] BECK, Ulrich. *Sociedade de risco*: rumo a uma outra modernidade. Tradução de Sebastião Nascimento. São Paulo: Ed. 43, 2016.

[15] HESSE, Konrad. *Derecho constitucional y derecho privado*. Tradução de Ignacio Gutiérrez Gutiérrez. Madrid: Editorial Civitas, 1995.

dignidade da pessoa humana (art. 1º, III, da CRFB/88); direitos sociais e trabalhistas (arts. 6º e 7º da CRFB/88); busca do pleno emprego (art. 170, VIII, da CRFB/88); princípio da legalidade (art. 5º, II, da CRFB/88), entre várias outros, são exemplos de normas constitucionais capazes de impactar as relações de trabalho e de delinear o espaço a ser preenchido pela terceirização no nosso país.

O que, desde logo, se quer afirmar é que qualquer construção teórica ou de interpretação normativa deve partir dos valores sociais constitucionais, cristalizados nas garantias fundamentais individuais e nos direitos sociais, que revelam um verdadeiro projeto de sociedade que se quer alcançar. Assim é que se defende a necessidade de uma *constitucionalização das relações de trabalho*, em que seus conceitos e institutos jurídicos devem, sempre, guardar compatibilidade com esses valores normativos, após sobre eles se realizar uma filtragem constitucional de seus significados e de suas funções.

CAPÍTULO 2

AS RELAÇÕES DE TRABALHO SOB A PERSPECTIVA CONSTITUCIONAL

2.1 O valor constitucional do trabalho

O direito ao trabalho, tido como direito fundamental na medida em que derivado do princípio da dignidade da pessoa humana, recebeu significativa tutela da ordem constitucional vigente. Com efeito, o tratamento dispensado à relação de trabalho pela Constituição de 1988 representa verdadeiro meio de acesso à cidadania e de concretização de variados direitos e garantias individuais, sociais e coletivos nela previstos.

Em verdade, o processo de *constitucionalização do direito do trabalho* foi fenômeno iniciado, no ordenamento jurídico brasileiro, pela Constituição de 1934,[16] e teve, na Carta de 1988, seu marco consolidador:

---

[16] A Constituição de 1946 já disciplinava, por exemplo, o direito à provisão de sua própria subsistência e de sua família mediante trabalho honesto (art. 113, 34); a previsão de lei que tratasse do amparo da produção, bem como das condições de trabalho na cidade e no campo visando à proteção social do trabalhador, além de apresentar as primeiras versões de princípios como a isonomia, a vedação de tratamento discriminatório e a fixação de direitos trabalhistas em geral (art. 121), dispondo sobre salário-mínimo, carga horária máxima, idade mínima para o trabalho, vedação de trabalho em determinadas condições a menores de 16 anos, a previsão de assistência médica e sanitária ao trabalhador, de benefício previdenciário para os casos de acidentes de trabalho, entre outras várias disposições. Vale dizer que esse texto constitucional coloca-se em um cenário pós-década de 1930, em que se impulsionou, durante o Governo Vargas, o processo de industrialização da economia produtiva brasileira, bem como do consequente processo de urbanização.

não apenas pela elevação desses direitos [trabalhistas] à acepção de direitos fundamentais, mas também pela democratização e revisão de seus institutos e princípios, justamente porque eles se apresentam como meio para a concretização do valor da dignidade.[17]

Nesse sentido, nota-se, em diversas passagens do texto constitucional, o elevado valor que se atribuiu ao *trabalho* de uma forma geral: o *valor social do trabalho* foi elencado com um dos fundamentos da República Federativa do Brasil (art. 1º, IV, da CRFB/88); o *direito ao trabalho* foi expressamente previsto como um dos direitos sociais (art. 6º, caput, da CRFB/88); diversos *direitos trabalhistas* foram assegurados pela ordem constitucional, visando à *melhoria da condição social* dos trabalhadores (art. 7º da CRFB/88); a *valorização do trabalho humano* foi carimbada como um dos fundamentos da ordem econômica, assim como a *busca do pleno emprego* constitui princípio essencial à sua compreensão (art. 170, caput e VII, da CRFB/88); a *observância das disposições que regulam as relações de trabalho* é um dos requisitos para que se verifique a função social da propriedade rural (art. 186, III, da CRFB/88); o *primado do trabalho* é apresentado como base da ordem social, a fim de se alcançar o *bem-estar e a justiça social* (art. 193 da CRFB/88); o *trabalho* foi afirmado como um dos aspectos do meio ambiente, com a proteção do qual o sistema único de saúde tem a atribuição constitucional de colaborar (art. 200, VIII, da CRFB/88); a *promoção da integração ao mercado de trabalho* é um dos objetivos das políticas públicas de assistência social (art. 203, III, da CRFB/88); a *qualificação para o trabalho* é um dos fins a que se destina a promoção da educação (art. 205 da CRFB/88), além da previsão de expropriação, sem qualquer indenização ao proprietário e sem prejuízo de outras sanções previstas em lei, das propriedades rurais e urbanas em que são localizadas a *exploração de trabalho escravo* (art. 243, da CRFB/88, conforme redação que lhe atribuiu a Emenda Constitucional nº 81/2014).

Entre essas várias normas, cita-se, com maior destaque, o que está disposto no art. 7º, I, da CRFB/88, que garante aos trabalhadores urbanos e rurais a vigência de uma relação de emprego protegida,

---

[17] MELLO FILHO, Luiz Phillippe Vieira de; DUTRA, Renata Queiroz. A terceirização de atividade-fim: caminhos e descaminhos para a cidadania no trabalho. *Revista TST*, Brasília, v. 80, n. 3, jul./set. 2014, p. 189.

seja diante da despedida arbitrária ou sem justa causa, seja quanto a outras causas em relação às quais uma proteção especial acarrete a possibilidade de melhoria da condição social do trabalhador.

Nesse cenário, nota-se que a CRFB/88 promoveu não apenas a constitucionalização de matérias trabalhistas, mas também da própria relação de emprego em si, que deixou de ser considerada exclusivamente em seu viés individual/privado, passando a ostentar um caráter de *direito fundamental social*. Assim é que o direito ao trabalho não é identificado apenas como o direito a um posto laboral, mas, sobretudo, à própria pretensão de preservação da qualidade da *relação de emprego* enquanto direito fundamental, de forma semelhante ao que se empreendeu, no Direito Civil, em relação ao direito de propriedade e a tantos outros institutos, antes unicamente reservados ao direito ordinário/infraconstitucional e que foram acolhidos pela Constituição, alcançando a categoria de normas jurídicas instituidoras de garantias fundamentais e de limitações intrínsecas a esses direitos.

Nesse aspecto, destaca-se a lição de Raul Machado Horta, que afirma que o constituinte de 1988, ao promover a *constitucionalização do* próprio *conceito de relação de emprego*, teve por linha mestra "constitucionalizar ao máximo os direitos sociais, com o propósito de projetar nesses direitos a intangibilidade e a supremacia da matéria constitucional", contexto em que "a constitucionalização de muitas regras que tiveram origem na legislação ordinária do trabalho conduziu à substituição das vantagens decorrentes do aperfeiçoamento evolutivo da lei pela rigidez e imodificabilidade de regra constitucional, cuja mudança requer o complexo processo de emenda".[18]

Com a mesma lógica, J. J. Gomes Canotilho e Vital Moreira, comentando dispositivo semelhante da Constituição da República Portuguesa de 1976,[19] assim sustentam:

> Os direitos previstos neste capítulo (bem como no art. 59) são direitos específicos dos trabalhadores, e só a eles serão constitucionalmente

---

[18] HORTA, Raul Machado. *Constituição, direitos sociais e normas programáticas*. 4. ed. Revista do Tribunal de Contas do Estado de Minas Gerais, 1998.
[19] O indicado dispositivo da Constituição portuguesa prevê o seguinte: "Capítulo III – Direitos, liberdades e garantias dos trabalhadores. Artigo 53º (Segurança no emprego) É garantida aos trabalhadores a segurança no emprego, sendo proibidos os despedimentos sem justa causa ou por motivos políticos ou ideológicos".

reconhecidos e garantidos. Saber qual é a noção constitucional de trabalhador é, por isso, de importância primordial. Não contendo a Constituição nenhuma definição expressa, o conceito há de ser definido a partir do conceito jurídico comum, sem prejuízo das qualificações que a Constituição exigir. [...]
É bastante significativo que o primeiro dos direitos a liberdades e garantias dos trabalhadores seja o direito à segurança no emprego, com destaque para a garantia contra despedimentos sem justa causa. Trata-se de uma expressão directa do direito ao trabalho (art. 58º), o qual, em certo sentido, consubstancia um aspecto do próprio direito à vida dos trabalhadores. Na sua vertente positiva, o direito ao trabalho consiste no direito a procurar e a obter emprego; na sua vertente negativa, o direito ao trabalho garante a manutenção do emprego, o direito de não ser privado dele. E, se a satisfação específica daquele encontra dificuldades de conceptualização [...], já a do segundo não depara com qualquer obstáculo, tratando-se, como se trata, de proibir acções ou comportamentos (notadamente o despedimento injustificado).[20]

Observa-se que alguns elementos ínsitos e essenciais à relação de trabalho passaram a ser definidos conforme apropriações diretas de mandamentos constitucionais. E esse nítido e avassalador fenômeno de *constitucionalização* faz exsurgir dois efeitos principais, ao que aqui interessa: (i) determinados aspectos do instituto jurídico constitucionalizado passam a ser delimitados e regulados diretamente pela Constituição da República e, consequentemente, (ii) retiram-se da esfera de disposição e de liberdade do legislador ordinário aqueles elementos constitucionalmente definidos, já que estabelecidos no diploma normativo de força maior.

Desse modo, considerado esse segundo efeito elencado, nem mesmo por ato legislativo ordinário se pode dispor do *núcleo essencial* do direito ao trabalho, que, além de voltar seu escopo de tutela para o posto individualmente ocupado por determinado trabalhador, também é dotado de um caráter de direito fundamental.[21] Entende-se

---

[20] CANOTILHO, J. J. Gomes; MOREIRA, Vital. *Constituição da República Portuguesa anotada*. São Paulo: Revista dos Tribunais; Coimbra: Coimbra Editora, 2007, p. 706-707.
[21] A rigor, o chamado *núcleo essencial* dos direitos fundamentais, considerado como aquela parcela mínima de proteção elencada por um direito e sem a qual este perde sua própria conformação e identidade, não pode ser disposta nem mesmo pelo Poder Constituinte Derivado. Na doutrina de direito constitucional, muito se discute sobre o "limite dos limites" (*Schranken-Schranken*, tal qual denominada no direito alemão), isto é, quais são os limites à limitação de determinada garantia individual ou direito social? Considera-se que, apesar de permitirem limitações, esses direitos fundamentais devem possuir um

essencial, portanto, que se proceda ao reconhecimento de diretrizes constantes do texto constitucional que conduzam, na linha de seus mandamentos e âmbitos de proteção, à definição desses elementos nucleares do citado direito fundamental; sem que se furte, em absoluto, a possibilidade de que o legislador disponha sobre o tratamento jurídico das categorias relativas à relação de emprego ou altere suas definições, em um processo em que também na via legislativa se assume a possibilidade de interpretação da Constituição.

2.2 A dimensão trabalhista da dignidade da pessoa humana

Uma proposta de leitura de um fenômeno jurídico, qualquer que seja a seara em que este se insira, não pode ocorrer sem que sejam analisados e considerados princípios e postulados definidos pelo texto constitucional vigente. Nesse contexto, exsurge com sobrelevada importância a multicitada *dignidade da pessoa humana*, elencada pela CRFB/88 como um dos fundamentos da República (art. 1º, III). Trata-se, como se sabe, de elemento central à concreta implementação do sistema constitucional de direitos fundamentais, que devem sempre ser perquiridos.

Mais do que mera norma programática ou que consubstancie verdadeiro regramento moral, tal garantia decorre de uma apropriação jurídica moderna da ideia kantiana segundo a qual o ser humano não pode ser identificado como meio ou objeto à satisfação de qualquer vontade alheia, mas sempre como um *fim em si mesmo*, um verdadeiro *sujeito* de direitos.[22] Com efeito, tal enunciado normativo assume, no modelo constitucional contemporâneo, contornos de uma matriz axiológica fundamental a partir da qual se desenvolve grande parte dos direitos fundamentais, representando verdadeiro

---

núcleo mínimo intocável, ou seja, seu *núcleo essencial*. Desse modo, reforça-se o argumento no sentido de que se nem mesmo o legislador constituinte derivado pode dispor do núcleo essencial de um direito fundamental já garantido, muito menos será possível tal providência por iniciativa do legislador ordinário. Afinal, trata-se de verdadeira cláusula pétrea (art. 60, § 4º, IV, da CRFB/88).

[22] Nesse sentido, Cf. KANT, Immanuel. *Crítica da razão pura*. Petrópolis: Vozes, 2013.

"standard de proteção universal",[23] inclusive sob a ótica da proteção internacional dos direitos humanos.

Como ressaltado, mais do que uma singela construção programática ou meramente propositiva, a definição jurídica da dignidade da pessoa humana, dotada de valor constitucional obrigatório, assume "um *valor próprio* e uma *dimensão normativa*", sobre os quais assim dispõem J. J. Gomes Canotilho e Vital Moreira:

> Desde logo, está na base de concretizações do *princípio antrópico ou personicêntrico* inerente a muitos direitos fundamentais (direito à vida, direito ao desenvolvimento da personalidade, direito à integridade física e psíquica, direito à identidade pessoal, direito à integridade genética). [...]
> A *dignidade da pessoa humana* legitima a imposição de *deveres de protecção especiais*. A República baseada na dignidade da pessoa humana assume como *deveres públicos* a protecção de pessoas em situações especiais propícias a graves atentados a essa dignidade (refugiados, detidos, deportados, deslocados, menores de minorias étnicas). É também a dignidade que justifica a imposição de *deveres públicos e comunitários* (republicanos) de defesa da vida e integridade do ser humano [...].[24]

Essa imposição dos *deveres de proteção especiais* nasce, essencialmente, como preocupação inicialmente direcionada à atuação estatal. Entretanto, certo é que essas garantias não se limitam ao âmbito estatal, especialmente diante da consolidação da *eficácia dos direitos fundamentais nas relações privadas* (a *Drittwirkung* do direito alemão).[25]

---

[23] CANOTILHO, J. J. Gomes; MOREIRA, Vital. *Constituição da República Portuguesa anotada*. São Paulo: Revista dos Tribunais; Coimbra: Coimbra Editora, 2007, p. 200.

[24] *Ibidem*, p. 198/199, grifos no original.

[25] No âmbito do Tribunal Constitucional Federal alemão, aponta-se como paradigma do acolhimento da eficácia dos direitos fundamentais nas relações entre particulares o *Caso Luth* (1958), assim narrado na via doutrinária por Gilmar Ferreira Mendes e Paulo Gustavo Gonet Branco: "Luth convocara o público alemão a boicotar os filmes, mesmo produzidos depois de 1945, por Veit Harlan, que fora um proeminente diretor de cinema nazista. O tribunal de Hamburgo afirmou que incitar o boicote correspondia a infringir a legislação civil alemã sobre a ordem pública, já que obstava o soerguimento social do diretor, depois de ter passado por processo de desnazificação. O Tribunal constitucional, porém, entendeu que a proposta de Luth se ajustava ao âmbito normativo da liberdade de expressão e que esse direito haveria de ser ponderado com outras considerações constitucionais pertinentes, devendo a legislação civil ser interpretada, no caso, de acordo com essa ponderação. A Corte estimou que, no caso, a liberdade de expressão teria prioridade, atendendo, assim, à queixa deduzida por Luth. O precedente ilustra a doutrina de que os direitos fundamentais também podem ser invocados em relações entre particulares, alargando-se, portanto, por todas as áreas do Direito, e enfatiza que, em havendo colisão, não há se escapar de um juízo de

Apesar de historicamente os direitos fundamentais nascerem como *trunfos* a serem utilizados pelos cidadãos como defesa em face de eventuais arbítrios e abusos estatais,[26] sua evolução histórica revelou a necessidade de que essas garantias jurídicas fossem também oponíveis no âmbito das relações privadas, mormente quando os sujeitos jurídicos envolvidos se apresentam em condição de desigualdade material, em evidência da chamada *eficácia horizontal dos direitos fundamentais*. Nesse sentido, mesmo quando se está diante de relações em princípio eminentemente privadas, que são classicamente informadas pelos princípios da autonomia privada individual e da legalidade privada (art. 5º, II, da CRFB/88), é possível notar a incidência de outros direitos fundamentais e sociais, sem que se afete o *núcleo essencial* daquelas garantias constitucionais.

É certo que a liberdade de autodeterminação decorrente do princípio da legalidade é, também, traço fundamental do conteúdo jurídico da dignidade da pessoa humana, prerrogativa que goza de hierarquia igualmente constitucional. Entretanto, há que se realizar um cotejo proporcional desse valor com os comandos oriundos dos demais direitos fundamentais, a fim de se delimitar quando estes deverão incidir mutuamente também nas relações privadas. O tema ganha complexidade no contexto daquelas relações privadas em que os particulares colocam-se em condição de relativa igualdade, casos em que se deverá proceder ao sopesamento dos valores constitucionais envolvidos – tanto no âmbito legislativo, como também perante o caso concreto – com o fim último de alcançar a maior harmonização possível entre eles.[27]

É certo que também a autonomia privada, que garante ao cidadão a liberdade de se vincular juridicamente a determinada situação, possui um *núcleo essencial*, correspondente àquela parcela

---

ponderação" (MENDES, Gilmar Ferreira; BRANCO, Paulo Gustavo Gonet. *Curso de direito constitucional*. São Paulo: Saraiva, 2015, p. 176).

[26] Sobre o tema, merece consulta a clássica obra de: DWORKIN, Ronald. *Levando os direitos a sério*. São Paulo: Martins Fontes, 2014.

[27] Nesse sentido, Cf. ALEXY, Robert. *Teoria dos direitos fundamentais*. Tradução de Virgílio Afonso da Silva. São Paulo: Malheiros, 2015. Ainda nesse aspecto, sobre a aplicação prática da teoria do balanceamento de princípios constitucionais no Supremo Tribunal Federal, conferir também: ARABI, Abhner Youssif Mota. A teoria argumentativa de Robert Alexy e o princípio da proporcionalidade: uma análise do balanceamento de princípios e sua aplicação no Supremo Tribunal Federal. *Revista da Faculdade de Direito da UERJ*, v. 2, p. 1-11, 2012,

de seu conteúdo sem a qual tal direito tornar-se-ia irreconhecível. Entretanto, esse cenário de aplicação pura da autonomia privada e da liberdade individual de autodisposição e autodeterminação pressupõe uma efetiva liberdade contratual, em que as partes envolvidas coloquem-se em situação mínima de efetiva igualdade e de poder de barganha concreto, sem os quais uma *igualdade meramente formal* é insuficiente à proteção primordial do *núcleo essencial* da liberdade de autodeterminação.

Nesse mesmo sentido, Gilmar Ferreira Mendes e Paulo Gustavo Gonet Branco afirmam que, "na medida em que as partes se revelem desiguais de fato, o exame da legitimidade da restrição consensual dos direitos fundamentais haverá de ser objeto de análise mais rigorosa".[28] Proporcionalmente, pode-se dizer existir uma relação direta entre o grau de desigualdade em que se apresentam os sujeitos que se relacionam e a intensidade da incidência de direitos fundamentais nas relações privadas: quanto maior uma das grandezas, maior, também, será a outra.

Nessa linha, Konrad Hesse leciona que o efetivo exercício da autonomia privada, bem como a sua tutela estatal mediante uma atuação *negativa*, tem por pressuposto a necessária observância da igualdade material estabelecida entre aqueles que se relacionam também no âmbito privado. Sem a implementação desse pressuposto material de igualdade, tal qual se coloca nas relações de trabalho, surge a possibilidade de mitigação da autonomia privada, justamente em relação à liberdade material e demais direitos fundamentais da parte mais vulnerável. Nesse aspecto, assim dispõe o mencionado teórico alemão:

> Por mais que nos seja imposto abrir espaço à configuração autônoma dos particulares, nunca um mero *laissez faire laissez aller* fará justiça a todas as situações atuais. Isso há de valer particularmente nas condições atuais, nas quais surgem da ação privada perigos para todos mais frequentes e maiores do que antes, e em cujo marco o exercício do poder privado econômico e social – frequentemente mediante o instituto do contrato – desempenha um papel crescente. A autonomia privada e sua manifestação mais importante, a liberdade contratual, encontram

---

[28] MENDES, Gilmar Ferreira; BRANCO, Paulo Gustavo Gonet. *Curso de direito constitucional.* São Paulo: Saraiva, 2015, p. 176.

seu fundamento e seus limites na ideia da própria responsabilidade da vida e da personalidade. Pressupõem uma situação jurídica e fática aproximadamente igual dos interessados. Onde falta esse pressuposto, e a autonomia privada de um conduz à falta de liberdade do outro, desaparece todo o fundamento e se ultrapassa todo limite; o indispensável equilíbrio deve, então, ser encontrado por outra via, a da regulação estatal, cuja eficácia frequentemente requer uma conexão de preceitos de Direito Público e Privado. Aqui reside a diferença essencial entre o significado atual da autonomia privada e o do século XIX: esse oferecia uma liberdade exclusivamente formal, porque partia de uma igualdade exclusivamente formal, que, apenas, parcialmente correspondia à realidade social; em consequência, poderia conduzir à falta de liberdade efetiva. Uma liberdade real geral nunca pode ser produzida pela mera autonomia privada. Dado o pressuposto de uma situação jurídica e fática aproximadamente igual dos interessados, essa é, sem embargo, elemento essencial da liberdade real, e como tal não pode ser substituída pela planificação ou regulação estatal, por mais cuidadosa que seja.[29]

Essa compreensão de Hesse sobre o tema também é reafirmada em outra obra de sua autoria, em que pontifica que a limitação dos direitos fundamentais na relação entre particulares, por ato próprio e manifestado de maneira livre e consciente, deve ser proporcionalmente mitigada conforme o grau de desigualdade

---

[29] HESSE, Konrad. *Derecho constitucional y derecho privado*. Tradução de Ignacio Gutiérrez Gutiérrez. Madrid: Editorial Civitas, 1995, p. 78. Tradução livre de: "Por más que nos venga impuesto abrir márgenes a la configuración autónoma de los particulares, nunca un mero laissez faire laissez aller hará justicia a todas las actuales tareas. Esto ha de valer particularmente en las condiciones actuales, bajo las cuales surgen de la acción privada peligros para todos más frecuentes y mayores que antes, y en cuyo marco el ejercicio del poder privado económico y social – frecuentemente mediante el instituto del contrato – desempeña un papel creciente. La autonomía privada y su manifestación más importante, la libertad contractual, encuentran su fundamento y sus límites en la idea de la configuración bajo propia responsabilidad de la vida y de la personalidad. Presuponen una situación jurídica y fáctica aproximadamente igual de los interesados. Donde falta tal presupuesto, y la autonomía privada de uno conduce a la falta de libertad del otro, desaparece todo fundamento y se traspasa todo límite; el indispensable equilibrio debe entonces ser encontrado por outra vía, la de la regulación estatal, cuya eficacia frecuentemente requiere una conexión de preceptos de Derecho Público y Privado. Aquí radica la diferencia esencial entre el significado actual de la autonomía privada y el del siglo XIX: aquél ofrecía una libertad sólo formal, porque partía de una igualdad sólo formal, que sólo parcialmente se correspondía con la realidad social; en consecuencia, podía conducir a la falta de libertad efectiva. Una libertad real general nunca puede ser producida por la sola autonomía privada. Dado el presupuesto de una situación jurídica y fáctica aproximadamente igual de los interesados, ésta es, sin embargo, elemento esencial de la libertad real, y como tal no puede ser sustituida por planificación o regulación estatal alguna por cuidada que sea".

em que esses entes privados se apresentam, inclusive quando considerado o *poder econômico e social* que detém cada uma das partes:

> Ao contrário, os direitos fundamentais influenciam as prescrições jurídico-privadas tanto mais eficazmente quanto mais se trata da proteção da liberdade pessoal contra o *exercício de poder econômico ou social*. Porque aqui, não de outra forma como na relação do particular com os poderes estatais, a mesma medida mínima de liberdade está posta em perigo, a qual os direitos fundamentais, como elementos da ordem objetiva da coletividade, devem garantir. Não é o sentido do estar livre das vinculações dos direitos fundamentais, sancionar jurídico-constitucionalmente exercício destruidor de liberdade de poder econômico ou social. Se a legislação não, ou só incompletamente, tem em conta essa situação, então as regulações correspondentes devem ser interpretadas 'na luz dos direitos fundamentais'. Se não é possível trazer ao efeito os direitos fundamentais por esse caminho ou faltam até regulações legais, então devem os tribunais a proteção desses direitos – no exercício do dever de proteção estatal [...] – garantir.[30]

Nota-se que, apesar de os direitos fundamentais serem aprioristicamente aplicados nas relações entre o cidadão e o Estado, tal qual de sua origem histórica e ontológica decorre, é igualmente possível a sua incidência em relações privadas. Nesse sentido, ao longo das disposições constitucionais, nota-se a previsão de direitos fundamentais cuja aplicação possui eficácia direta contra agentes privados, como é o caso de vários dos direitos sociais trabalhistas (*v.g.* direito a férias anuais remuneradas e ao terço constitucional de férias – art. 7º, XVII, da CRFB/88; vedação a que o empregador estabeleça diferença de salários, de exercício de funções e de critério de admissão por motivo de sexo, idade, cor ou estado civil – art. 7º, XXX, da CRFB/88).

Essa acepção mais ampla do sentido e do alcance dos direitos fundamentais já tem sido há muito acolhida pela jurisprudência do Supremo Tribunal Federal (STF). Nesse sentido, o RE nº 201.819 representou um caso paradigmático, quando se procedeu a uma análise aprofundada sobre a possibilidade de que um determinado

---

[30] HESSE, Konrad. *Elementos de direito constitucional da República Federal da Alemanha*. Tradução de Luís Afonso Heck. Porto Alegre: Sergio Antonio Fabris Editor, 1998.

direito fundamental seja diretamente suscitado como fundamento jurídico para a solução de controvérsia entre particulares.[31]

O caso chegou ao Supremo Tribunal Federal após uma decisão do Tribunal de Justiça do Estado do Rio de Janeiro que anulou a exclusão de sócio do quadro da União Brasileira de Compositores (UBC), uma associação privada sem fins lucrativos que tem por escopo a representação dos interesses dos titulares de direitos autorais de músicas em geral. Na situação concreta, a exclusão estava fundamentada no descumprimento de atos normativos da associação e na alegada causação de danos morais e materiais à entidade, e foi realizada sem que se oportunizasse ao interessado a possibilidade de exercício de sua defesa perante a comissão apreciadora de sua exclusão. Nesse contexto, o Tribunal fluminense assentou o entendimento de que "antes de concluir pela punição, a comissão especial tinha de dar oportunidade ao sócio de se defender e realizar possíveis provas em seu favor",[32] sob pena de se incorrer em violação ao art. 5º, LV, da CRFB/88, que assegura as garantias do exercício prévio do contraditório e da ampla defesa. Por essa razão, mantinha-se decisão que anulava a exclusão aplicada, determinando a reintegração do excluído à entidade privada.

A questão foi enfrentada pelo STF em sede de recurso interposto pela UBC, mediante o argumento central de que o princípio da ampla defesa, como direito fundamental que é, seria direcionado apenas para o âmbito judicial ou para as relações entre particulares e órgãos públicos, de modo que não se aplicaria ao caso, já que se tratava de entidade de direito privado dotada de estatutos e atos regimentais próprios, que disciplinariam de forma autônoma

---

[31] STF, 2ª Turma, Rel. Min. Ellen Gracie, redator para o acórdão: Min. Gilmar Mendes, julg. 11.10.2005, *DJ*, 27 out. 2006.

[32] O trecho citado consta do acórdão proferido junto ao Processo nº 0027642-58.1991.8.19.0001, julgado pelo Tribunal de Justiça do Estado do Rio de Janeiro. Do acórdão, extrai-se, ainda, o seguinte excerto: "Embora a sociedade tivesse, de fato, por seu órgão deliberativo, designado uma comissão especial para apurar as possíveis infrações estatutárias atribuídas ao autor, tal comissão, por mais ilibada que fosse, deixou de cumprir princípio constitucional, não ensejando ao apelado oportunidade de defender-se das acusações e de realizar possíveis provas em seu favor. [...] Não se pode, na verdade, pretender que uma entidade de compositores, em sua vida associativa, adote regras ou formas processuais rigorosas, mas também não se pode admitir que princípios constitucionais básicos sejam descumpridos flagrantemente. Caracterizadas as infrações, ao ver da comissão, o autor tinha de ser, expressa e formalmente, cientificado das mesmas e convocado a apresentar, querendo, em prazo razoável, a sua defesa, facultando-lhe a produção das provas que entendesse cabíveis. Só depois disso é que poderia surgir o parecer da comissão, num ou noutro sentido. Como foi feito, o direito defesa do autor foi mesmo violado, sem que se adentre no mérito, na justiça ou injustiça da punição".

e suficiente o seu próprio funcionamento e as suas relações com seus associados. O caso foi levado a julgamento na Segunda Turma da Corte, quando a relatora, Ministra Ellen Gracie, proferiu seu voto no sentido de dar provimento ao recurso, assentando a liberdade das associações privadas para definir sua auto-organização e disciplinar suas normas de relacionamento entre sócios, desde que respeitados os limites da legislação em vigor. Com efeito, o voto conduzia-se pela afirmação de que a associação a uma entidade privada dá-se mediante o exercício da liberdade individual de cada sócio, que, ao nela ingressar, adquire conhecimento prévio de seus objetivos e suas regras, a eles aderindo. Dessa forma, não caberia invocar a garantia constitucional do contraditório e da ampla defesa para resolução de situação de exclusão de sócio de entidade privada, o que deveria ser feito a partir das regras internas à própria associação, em aplicação conjunta da legislação civil vigente. Concluía a Ministra relatora que seria descabido o "aporte constitucional atribuído pela instância de origem, sendo totalmente descabida a invocação do disposto no art. 5º, LV, da Constituição para agasalhar a pretensão do recorrido de reingressar nos quadros da UBC", de modo que, respeitado o procedimento interno fixado no próprio estatuto da associação privada, não haveria qualquer ofensa à referida garantia constitucional, que seria inaplicável ao caso.

    O julgamento adquiriu maior significância, porém, a partir do voto-vista proferido pelo Ministro Gilmar Mendes, que entreviu se tratar de um caso típico em que caberia discutir a aplicação de direitos fundamentais às relações privadas. Anteriormente, a temática já até havia sido suscitada pontualmente em outros julgamentos no Supremo Tribunal Federal, mas esse foi o primeiro em que a eficácia horizontal dos direitos fundamentais e a sua aplicabilidade às relações privadas constituíram o ponto central do debate.

    De todo modo, cita-se, como primeiro exemplo em que o referido tema apareceu, outro recurso extraordinário,[33] em que se discutia se o gerente de uma indústria de *lingeries* praticaria crime de constrangimento ilegal, ao exigir de suas empregadas o cumprimento de cláusula contratual em que se dispunha sobre a submissão das

---

[33] RE nº 160.222, Rel. Min. Sepúlveda Pertence, *DJ*, 1º set. 1995.

funcionárias a revistas íntimas, sob pena de demissão. No recurso, alegava-se que a cláusula, prevista em contrato de trabalho e destinada a disciplinar a relação entre empregador e empregados, representaria violação ao direito fundamental à intimidade e à imagem das pessoas, garantia constante do art. 5º, X, da CRFB/88. Entretanto, na ocasião não se chegou à análise de mérito da questão,[34] em razão do reconhecimento da ocorrência da prescrição da pretensão punitiva. Não obstante, ali já se consignava a lamentação pelo fato de não se poder enfrentar a questão à luz dos direitos fundamentais da pessoa humana assegurados pela ordem constitucional.[35]

Em outro caso,[36] tratava-se de situação mais semelhante: a expulsão de membro de cooperativa sem anterior oportunidade de exercício do direito de defesa, segundo observância às próprias regras estatutárias disciplinadoras do procedimento de exclusão. Ali prevaleceu, ao final, a necessidade de que esse procedimento observasse a abertura de prazo para que os interessados exercitassem seu direito de defesa e de produção de provas,[37] conforme, na hipótese, já constava dos próprios preceitos estatutários.

Apesar desses passos iniciais, nesses primeiros casos não se chegou propriamente a analisar e a considerar, como fundamento de decisão, a possibilidade de aplicação dos direitos fundamentais a relações privadas e, se possível, em que medida essa eficácia

---

[34] Rememora-se que, à época, ainda não existia a sistemática da repercussão geral, posteriormente criada a partir da Emenda Constitucional nº 45/2004 e da Lei nº 11.418/2006, cujos contornos modernos permitem um descolamento entre o caso concreto veiculado pelo recurso e a questão de fundo discutida.

[35] A propósito, destaca-se o seguinte excerto do voto relator: "Lamento que a irreversibilidade do tempo corrido faça impossível enfrentar a relevante questão de direitos fundamentais da pessoa humana, que o caso suscita, e que a radical contraposição de perspectivas entre a sentença e o recurso, de um lado, e o exacerbado privatismo do acórdão, de outro, tornaria fascinante. Não tenho alternativa: declaro extinta a punibilidade do fato pela prescrição da pretensão punitiva".

[36] RE nº 158.215, Rel. Min. Marco Aurélio, *DJ*, 07 jun. 1996.

[37] Na ocasião, assim se assentou no voto relator: "Exsurge, na espécie, a alegada contrariedade ao inciso LV do rol das garantias constitucionais. [...] os recorrentes foram excluídos do quadro de associados da Cooperativa em caráter punitivo, tal como se depreende do acórdão atacado. O Colegiado de origem acabou por mitigar a garantia da ampla defesa, levando em conta o desafio lançado pelos Recorrentes no sentido de serem julgados pela Assembleia da Cooperativa. A exaltação de ânimos não é de molde a afastar a incidência do preceito constitucional assegurador da plenitude da defesa nos processos em geral. [...] incumbia à Cooperativa, uma vez instaurado o processo, dar aos acusados a oportunidade de defenderem-se e não excluí-los sumariamente do quadro de associados".

horizontal seria dada. Como já anunciado, foi só no precedente da UBC que esses aspectos foram mais detidamente considerados, pelo que se volta ao caso indicado como *leading case*.

Ali, a partir do voto do Ministro Gilmar Mendes, passou-se a ponderar aspectos particulares da entidade privada, que recomendariam a necessidade de aplicação das garantias constitucionais ao caso concreto, ainda que sem prévia intermediação de ato legislativo infraconstitucional ou de norma constante de estatuto social da entidade. Por exemplo, considerou-se que a UBC era repassadora aos compositores de numerário arrecadado pelo Escritório Central de Arrecadação e Distribuição – ECAD, de modo que a exclusão de um sócio de seu quadro representaria considerável oneração para o excluído, que ficaria impossibilitado de receber os valores relativos aos direitos autorais – os quais são constitucionalmente protegidos (art. 5º, XXVII, da CRFB/88) – decorrentes da execução das obras por ele criadas. Essa relevância da entidade para a própria gestão do sistema brasileiro de proteção aos direitos autorais e os prejuízos diretos que se poderiam causar ao sócio punido representariam reforço à especial necessidade de que, antes que consumada a punição, fosse oportunizado o direito de defesa ao interessado. A partir dessas premissas e de tais situações fáticas, que revelariam um caráter público – ainda que não estatal – na execução dos fins institucionais da entidade privada, afirmou-se a eficácia direta e imediata dos direitos fundamentais à relação privada em questão, isto é, sua aplicação independentemente de anterior norma legal ou estatutária que fizesse a intermediação de concretude entre a situação analisada e a previsão constitucional das garantias.[38]

Aliás, nota-se que a autoaplicabilidade direta e imediata dos direitos fundamentais é aspecto normativo decorrente do próprio texto constitucional, que é expresso ao afirmar que "as normas

---

[38] Citando trecho conclusivo do referido voto, afirmou-se que "as penalidades impostas pela recorrente ao recorrido, extrapolam, em muito, a liberdade do direito de associação e, sobretudo, o de defesa. Conclusivamente, é imperiosa a observância das garantias constitucionais do devido processo legal, do contraditório e da ampla devesa (art. 5º LIV e LV, da CF)". Mais especificamente quanto à possibilidade de sua eficácia direta, consta que "esse caráter *público* ou *geral* da atividade parece decisivo aqui para legitimar a *aplicação direta* dos direitos fundamentais concernentes ao devido processo legal, ao contraditório e à ampla defesa (art. 5º LIV e LV, da CF) ao processo de exclusão de sócio de entidade" (grifos no original).

definidoras dos direitos e garantias fundamentais têm aplicação imediata" (art. 5º, §1º, da CRFB/88). Nesse sentido é que esse princípio da aplicação imediata "diz respeito a todas as normas de direitos fundamentais, independentemente de sua função (direitos a prestações ou direitos de defesa) e da forma de sua positivação".[39]

É preciso que se afirme a noção primordial de que a autoaplicabilidade – isto é, sua aplicação independentemente de prévia intermediação normativa – e a vinculatividade – ou seja, a obrigatoriedade de sua observância e o caráter normativo de suas disposições – integram aspectos essenciais da garantia de eficácia dos direitos fundamentais. Destaca-se, nesse sentido, que essa vinculação é de extensa amplitude. Ela alcança não apenas o Poder Público, não só a atuação legislativa, administrativa e judicial, mas também vincula, de forma direta, os particulares. É precisamente aqui que tem lugar a eficácia privada ou horizontal dos direitos fundamentais.

Ainda que não se desconheça que os direitos fundamentais tenham nascido primeiramente para a proteção dos indivíduos diante de atuações públicas e estatais, a sua concepção a partir de um Estado Democrático de Direito impõe a superação dessa concepção puramente *negativa* de tais garantias, que passam a reverberar como instrumentos de promoção da igualdade material, da liberdade individual e de emancipação do sujeito constitucional.[40] A partir de sua *dimensão*

---

[39] SARLET, Ingo Wolfgang. *A eficácia dos direitos fundamentais*: uma teoria geral dos direitos fundamentais na perspectiva constitucional. Porto Alegre: Livraria do Advogado, 2015, p. 382-383.

[40] Como assenta Abhner Arabi, a noção de *sujeito constitucional* é de essencial importância à definição do alcance das normas constitucionais, já que "a verdadeira efetividade dos direitos fundamentais só se dá pelo enraizamento do constitucionalismo em todas as dimensões da vida social; não havendo democracia ou soberania popular sem os limites constitucionais estabelecidos à vontade da maioria, nem constitucionalismo sem a devida consideração da legitimidade popular e democrática". ARABI, Abhner Youssif Mota. *A tensão institucional entre Judiciário e Legislativo*: controle de constitucionalidade, diálogo e a legitimidade da atuação do Supremo Tribunal Federal. Curitiba: Prismas, 2015, p. 50. Sob uma perspectiva emancipadora dos direitos fundamentais, o autor faz referência "ao conceito de sujeito constitucional empregado por Michel Rosenfeld. Tal conceito recebe um tratamento do autor no sentido de ser uma categoria incompleta, sempre aberta. A definição do eu constitucional, segundo o autor, não pode se dar sem levar em consideração o outro, e as pluralidades e diversidades inerentes ao mundo contemporâneo. A definição completa do sujeito constitucional seria, na verdade, impossível, visto que se trata de uma categoria extremamente dinâmica e mutável, exposta aos imprevisíveis rumos que tomará sua respectiva ordem constitucional. São vários os eus constitucionais, e entende-se que

objetiva, os direitos fundamentais assumem não apenas uma função de correspondência a posições subjetivas de interesses juridicamente protegidos, mas espraiam seus efeitos para toda a ordem jurídica,[41] inclusive privada, e para todos aqueles que nela atuam, alcançando, também, situações de proteção dos particulares perante atos abusivos ou atentatórios advindos de outros particulares.[42]

A partir do reconhecimento de valor normativo central à *dignidade da pessoa humana*, tal princípio adquire diversas funções, como bem assenta Daniel Sarmento, entre as quais se destaca a de constituir um parâmetro de controle e de aferição da validade de atos estatais e, também, de particulares:

> [o referido princípio] se presta também ao papel de parâmetro para controle de atos estatais [...] e mesmo de atos particulares, como os

---

é nesse sentido que deve se dar a proteção dos direitos fundamentais [...]" (*Ibidem*, p. 25). Nesse sentido, conferir também: ROSENFELD, Michel. *A identidade do sujeito constitucional*. Tradução de Menelick de Carvalho Netto. Belo Horizonte: Mandamentos, 2003.

[41] Sobre a necessidade de adequação de todos os ramos do Direito à ordem constitucional e seus princípios e valores normativos, Virgílio Afonso da Silva destaca que "Ainda que essa submissão soe trivial para o jurista contemporâneo, nem sempre foi assim, especialmente por causa da milenar tradição do direito privado como área do direito reservada à autonomia privada, não submetida às previsões do direito público". SILVA, Virgílio Afonso da. *A constitucionalização do direito*: os direitos fundamentais nas relações entre particulares. São Paulo: Malheiros, 2011, p 41. Apenas se pontua que, a rigor, a concepção tradicional de Direito Civil o submetia tão somente aos ditames da *autonomia da vontade* e não à *autonomia privada*, que é conceito mais contemporâneo e de conteúdo distinto, conforme na sequência se expõe.

[42] Sobre o ponto, fazendo inclusive menção expressa à sua aplicabilidade às relações de trabalho, assim destaca Ingo Sarlet: "Ponto de partida para o reconhecimento de uma eficácia dos direitos fundamentais na esfera das reações privadas é a constatação de que, ao contrário do Estado clássico e liberal de Direito, no qual os direitos fundamentais, na condição de direitos de defesa, tinham por escopo proteger o indivíduo de ingerências por parte dos poderes públicos na sua esfera pessoal e no qual, em virtude de uma preconizada separação entre Estado e sociedade, entre o público e o provado, os direitos fundamentais alcançavam sentido apenas nas relações entre os indivíduos e o Estado, mas também a sociedade cada vez mais participa ativamente do exercício do poder, de tal sorte que a liberdade individual não apenas carece de proteção contra os Poderes públicos, mas também contra os mais fortes no âmbito da sociedade, isto é, os detentores de poder social e econômico, já que é nesta esfera que as liberdades se encontram particularmente ameaçadas, como dão conta, entre tantos outros, os exemplos dos deveres de proteção na esfera das relações de trabalho e a proteção dos consumidores. Em tais domínios, manifestam-se, com particular agudeza (como, de resto, em outros casos onde está em causa a tutela de pessoas e grupos socialmente fragilizados e mais vulneráveis mesmo na esfera das relações privadas) tanto as questões ligadas aos deveres de proteção dos órgãos estatais e a sua vinculação às normas constitucionais, quanto a questão da eficácia dos direitos fundamentais em relação aos atores privados propriamente ditos". SARLET, Ingo Wolfgang. *A eficácia dos direitos fundamentais*: uma teoria geral dos direitos fundamentais na perspectiva constitucional. Porto Alegre: Livraria do Advogado, 2015, p. 395-396.

contratos e negócios jurídicos em geral, sendo inválidos os atos que ofendem a dignidade humana.[43]

Com efeito, a possibilidade de aplicação dos direitos fundamentais às relações privadas e o reconhecimento de força normativa dos princípios, como o da dignidade da pessoa humana, ao mesmo tempo que servem de fundamento à autonomia privada, limitam-na quanto aos seus núcleos essenciais e à parcela indisponível de seus conteúdos, especialmente quando se está a relacionar com outra pessoa humana. Se por um lado assegura-se a liberdade e autonomia a um indivíduo para a definição de seus próprios planos de vida e formulação de seus projetos existenciais a partir de suas próprias convicções e crenças, não se faculta que tal liberdade atinja a esfera de dignidade, liberdade e autonomia daquele com quem se relaciona.

Nesse sentido é que, até mesmo no âmbito do Direito Civil e do direito privado em geral, passa-se a defender uma releitura de toda a sua matriz conceitual e de seus institutos mais essenciais, dessa vez mediante uma filtragem constitucional de seus conceitos.[44] Destaca-se, nesse processo, a superação do antigo conceito de *autonomia da vontade*, impregnado das concepções liberais-burguesas que ensejaram o agravamento de desigualdades socioeconômicas, em direção à *autonomia privada*, conceito que passa a incorporar a noção de que a pessoa humana e sua dignidade tornam-se os fins últimos do

---

[43] SARMENTO, Daniel. *Dignidade da pessoa humana*: conteúdo, trajetórias e metodologia. Belo Horizonte: Fórum, 2016, p. 84.

[44] Em uma abordagem sobre os efeitos gerais desse fenômeno de *constitucionalização* sobre os diversos campos do Direito Civil, Luiz Edson Fachin assim celebremente dispõe: "Os princípios fundamentais começam a ser escritos sob outro tempo: a liberdade individual relê autonomia com igualdade substancial; o reconhecimento da pessoa e direitos de personalidade recebe o influxo dos direitos fundamentais e forte reação do sujeito em face do Estado; à liberdade contratual começa a corresponder uma renovada comutatividade, com amplos espaços de limites, inclusive pela nova significação da *bona fides*; responsabilidade civil principia por se vestir de direito à reparação de danos, com foco na vítima e não mais apenas no nexo causal; propriedade e posse se distanciam sem ruptura; a formação do núcleo familiar desaprende os nós com os quais se atava a liberdade de autodeterminação da pessoa; a legitimidade da herança e direito de testar recebem tímidos prenúncios de vitalidade; e a concessão de personalidade jurídica aos entes coletivos se abre, progressivamente, para novas formações complexas que arrostam o nominalismo personificador" (FACHIN, Luiz Edson. *Direito Civil*: sentidos, transformações e fim. Rio de Janeiro: Renovar, 2015, p. 47-48).

ordenamento jurídico, sobrelevando-se as questões existenciais sobre as patrimoniais, de modo que institutos civis, como a propriedade, o contrato e sua força vinculante, por exemplo, passam a ser vistos como meios e instrumentos direcionados à concretização dos direitos fundamentais. Como destaca Luiz Edson Fachin:

> A racionalidade constituinte e reguladora do Estado cede passo para as razões da sociedade. Os três pilares de base do Direito Privado – propriedade, família e contrato – recebem uma nova leitura sob a centralidade da constituição da sociedade e alteram suas configurações, redirecionando-os de uma perspectiva fulcrada no patrimônio e na abstração para outra racionalidade que se baseia no valor da dignidade da pessoa. São os efeitos da constitucionalização em sentido amplo, vale dizer, formal, substancial e prospectiva, e que não se resume à incidência da Constituição (quer em sentido formal, quer em sentido substancial) nas relações subjetivas interprivadas.[45]

Entretanto, a crítica que se pode erigir é que essa necessidade de autoaplicação e de vinculatividade dos direitos fundamentais também no âmbito das relações privadas – principalmente quando as partes relacionam-se de modo materialmente desigual, atribuindo-se a uma delas especial e considerável poder social – não pode direcionar ao Poder Judiciário o monopólio de sua definição. Apesar de essas situações de conflito entre a necessidade de observância efetiva e concreta dos direitos fundamentais e da dignidade da pessoa humana também nas relações privadas e a fundamental proteção – igualmente constitucional – da autonomia privada dos indivíduos e dos agentes econômicos em geral parecerem se resolver mais precisamente mediante a análise individualizada de cada caso concreto, não se pode impedir que o conflito também seja intermediado e solucionado por meio da atuação legislativa estatal; não se justificando qualquer formulação teórica que queira atribuir tal competência de forma exclusiva ou monopolista aos órgãos judiciais.[46]

---

[45] *Ibidem*, p. 51.
[46] Crítica semelhante é também lembrada por Ingo Sarlet: "[...] há que levar em consideração a necessidade de se tomar a sério, também na esfera de uma eficácia (especialmente em se cuidando de uma eficácia direta!) dos direitos fundamentais nas relações privadas, a crítica de que se está a deslocar para o Judiciário a decisão final sobre a ponderação dos direitos esgrimidos entre os sujeitos privados, ainda mais quanto se está a invocar valores mais ou menos abstratos e sujeitos às mais variadas interpretações, o que, no nosso

É que, nessa mesma ordem jurídica constitucional, coexistem outros princípios e valores normativos, como os da separação dos poderes e da pluralidade política, que recomendam a ampliação dos intérpretes constitucionais, e não de qualquer atribuição de monopólio da apropriação do sentido da Constituição. Afirma-se que um regime constitucional republicano e democrático deve prezar pela abertura dos mecanismos de participação e de separação de poderes também quanto à tarefa de interpretação da Constituição e de conciliação entre valores constitucionais inicialmente conflitantes. É o que pontifica Peter Häberle ao escrever sobre uma *sociedade aberta de intérpretes constitucionais*, destacando-se passagem de sua obra em que o autor alemão assenta a importância da presença de interlocutores plurais na promoção do debate constitucional:

> A teoria da interpretação constitucional esteve muito vinculada a um modelo de interpretação de uma "sociedade fechada". Ela reduz, ainda, seu âmbito de investigação, na medida em que se concentra, primariamente, na interpretação constitucional dos juízes e nos procedimentos formalizados. [...]
>
> A estrita correspondência entre vinculação (à Constituição) e legitimação para a interpretação perde, todavia, o seu poder de expressão quando se consideram os novos conhecimentos da teoria da interpretação: interpretação é um processo aberto. Não é, pois, um processo de passiva submissão, nem se confunde com a recepção de uma ordem. A interpretação conhece possibilidades e alternativas diversas. A vinculação se converte em liberdade na medida em que se reconhece que a nova orientação hermenêutica consegue contrariar a ideologia da subsunção. A ampliação do círculo dos intérpretes aqui sustentada é apenas a consequência da necessidade, por todos defendida, de integração da realidade no processo de interpretação. É que os intérpretes em sentido amplo compõem essa realidade pluralista. Se se reconhece que a norma não é uma decisão prévia, simples e acabada, há de se indagar sobre os participantes no seu desenvolvimento funcional, sobre as forças ativas da *law in public action* [...].[47]

---

entender, não impede uma eficácia direta (ainda mais no sentido de uma eficácia direta *prima facis*), mas impõe cautela redobrada no seu manejo" (SARLET, Ingo Wolfgang. *A eficácia dos direitos fundamentais*: uma teoria geral dos direitos fundamentais na perspectiva constitucional. Porto Alegre: Livraria do Advogado, 2015, p. 401).

[47] HÄBERLE, Peter. *Hermenêutica constitucional* – a sociedade aberta aos intérpretes da Constituição: contribuição para a interpretação pluralista e procedimental da Constituição. Porto Alegre: Sergio Antonio Fabris, 1997.

Assim é que se encontram potencialmente aptos a participar desse processo de interpretação constitucional todos os órgãos estatais, os cidadãos e os grupos da sociedade civil, sem que se estabeleça uma limitação abstrata dos intérpretes da Constituição. Essa conclusão é especialmente relevante quando o processo interpretativo se depara com cláusulas gerais ou com conceitos jurídicos indeterminados, expressões de compreensão plúrima e subjetiva, que adquirem densidade normativa concreta a partir da própria atividade de interpretação, em que inevitavelmente se acaba por valer cada uma de suas concepções políticas e sociais para a definição do conteúdo dessas categorias jurídicas.

Além de essa conclusão decorrer da própria concepção inicial de separação de poderes e da existência plural e comunicativa das instituições democráticas, a temática também perpassa pela questão das capacidades institucionais de cada uma delas, conforme os objetivos para os quais foram criadas e de acordo com a formação técnica de seus integrantes, especialmente quanto à formulação de políticas públicas. É o que destacam Cass Sunstein e Adrian Vermeule, ao afirmarem que os "debates sobre a interpretação jurídica não podem ser sensivelmente resolvidos sem atenção às capacidades institucionais". Para tanto, afirmam os citados autores que se erige como questão central não a de saber como determinado texto deve ser interpretado, mas "como certas instituições, com as suas distintas habilidades e limitações, interpretam certos textos".[48]

Sem que se diminua a importância ou a necessidade do *judicial review*, é imperioso que o exercício da jurisdição constitucional se dê de forma autoconsciente em relação a suas possibilidades e a seus limites de legitimidade. Nesse contexto é que se destacam as teorias dos diálogos institucionais, mediante um cenário "em que o sentido futuro da Constituição se dê através de um diálogo aberto entre as

---

[48] SUNSTEIN, Cass R.; VERMEULE, Adrian. *Interpretations and Institutions*. John M. Olin Program in Law and Economics Working Paper nº 156, 2002. Tradução livre do original: "As we shall urge, debates over legal interpretation cannot be sensibly resolved without attention to those capacities. The central question is not 'how, in principle, should a text be interpreted?'. The question instead is 'how should certain institutions, with their distinctive abilities and limitations, interpret certain texts?'"

instituições políticas e a sociedade civil, em que nenhum deles seja supremo, mas, antes, que cada um dos poderes contribua com a sua específica capacidade institucional".[49] Ademais, na busca desse ponto de equilíbrio entre a interpretação judicial da Constituição e o respeito à autonomia e às capacidades dos outros Poderes, tem lugar o importante "debate da legitimação das cortes constitucionais, visto que estas não são corpos democráticos, eletivos ou representativos, não obstante suas decisões afetem diretamente a vida do corpo social ao qual elas se referem".[50]

Consideradas essas premissas, não é dado ao Judiciário, sob o pretexto de exercício da jurisdição constitucional e do *judicial review*, suplantar toda e qualquer escolha política formulada pelos órgãos político-democráticos, ainda que pareçam indesejadas, especialmente se esses órgãos respeitarem os limites constitucionais e do ordenamento jurídico, que, indubitavelmente, balizam a atuação político-legislativa do Estado.[51] Dentro de uma moldura constitucional válida, delimitada pelo ordenamento e pelos princípios normativos da Constituição, é inicialmente legítima a opção política e democraticamente constituída, ainda que distinta das concepções pessoais do julgador sobre o que possa ser melhor para a comunidade na qual está inserido. A propósito, citam-se as observações de Dieter Grimm sobre o ponto:

> A Constituição estrutura a ação política organizando-a, guiando-a, limitando-a. Mas ela não a regula a ponto de reduzir a política à mera execução de ordens constitucionais. Dentro da moldura constitucional, os órgãos políticos estão livres para fazer as escolhas que, de acordo com seu ponto de vista, são exigidas pelo bem comum. A eleição decide qual dos pontos de vista em competição é o preferido pela sociedade e qual o grupo político deve, dessa forma, liderar as posições no Estado e executar seu programa político. De outro lado, as Cortes, e especialmente as Cortes Constitucionais, são chamadas a controlar se os outros Poderes

---

[49] BRANDÃO, Rodrigo. *Supremacia judicial versus diálogos constitucionais*: a quem cabe a última palavra sobre o sentido da Constituição?. Rio de Janeiro: Lumen Juris, 2012, p. 287.
[50] ARABI, Abhner Youssif Mota. *A tensão institucional entre Judiciário e Legislativo*: controle de constitucionalidade, diálogo e a legitimidade da atuação do Supremo Tribunal Federal. Curitiba: Prismas, 2015.
[51] ELY, John Hart. *Democracy and distrust: a theory of judicial review*. Cambridge: Harvard University Press, 1980.

do governo, ao definir, concretizar e implementar os objetivos políticos, agiram de acordo com os princípios constitucionais e não ultrapassaram os limites constitucionais.[52]

Sem que se abdique da força normativa da Constituição, ao mesmo tempo que se reconhece a importância do *judicial review* e da existência de órgãos judiciais responsáveis pela fiscalização do cumprimento da Constituição – especialmente no que diz respeito à concretização dos direitos fundamentais –, deve-se, também, "valorizar o constitucionalismo que se expressa fora das cortes judiciais, em fóruns como os parlamentos e nas reivindicações da sociedade civil que vêm à tona no espaço público informal".[53] Dentro dos limites constitucionais, na dúvida entre as opções constitucionalmente aceitas para a formulação de políticas públicas, parece existir uma presunção – não absoluta – de preferência pelas escolhas elaboradas por aqueles a quem o povo elegeu.

Assim é que esse conjunto de premissas teóricas até aqui abordadas pode ser resumido nos seguintes pontos: os direitos fundamentais, em razão da sua posição de centralidade no ordenamento e de seu caráter normativo, são igualmente aplicáveis às relações privadas, inclusive de forma direta e imediata, vinculando também os particulares. Essa aplicação, contudo, deve se compatibilizar, em cada caso, com a garantia igualmente constitucional de liberdade e autonomia privada, cujos potenciais conflitos com outros princípios e direitos fundamentais, como a dignidade da pessoa humana, devem ser conciliados não só por meio de uma atuação judicial, mas revelando-se também legítima – e em certo aspecto até preferível – a intermediação

---

[52] GRIMM, Dieter. *Constitutionalism: past, present and future*. Oxford University Press, 2016, p. 226. Tradução livre do original: "The constitution structures political action by organizing, guiding, and limiting it. But it does not regulate it to an extent which would reduce politics to mere execution of constitutional orders. Within the framework of the constitution the political organs are free to make those choices which, according to their view, the common good requires. The election decides which of the competing views is preferred by society and which political group may therefore fill the leading positions in the state and carry out its political program. By contrast, courts and especially constitutional courts are called to control whether the other branches of government, in defining, concretizing, and implementing the political goals, have acted in accordance to the constitutional principles and not transgressed the constitutional limits".

[53] SOUZA NETO, Cláudio Pereira de; SARMENTO, Daniel. *Direito Constitucional*: teoria, história e métodos de trabalho. Belo Horizonte: Fórum, 2012, p. 240.

legislativa entre os conceitos conflitantes. Esse último ponto parece se mostrar ainda mais relevante quanto à formulação de políticas públicas, em especial as multissetoriais, que produzem consequências não apenas jurídicas, mas também sociais e econômicas; em posição de deferência à separação dos Poderes e conforme as competências e as capacidades institucionais dos diversos órgãos e instituições democráticos.

No âmbito das relações de trabalho, não se dá de forma diferente, aplicando-se, em tal cenário, todos esses fundamentos e premissas teóricas. Aliás, entende-se que, em tais casos, a incidência dos direitos fundamentais a relações entre particulares se justifica com muito maior razão, já que se trata de situação em que empregado e empregador apresentam-se em extremada desigualdade material, exigindo uma tutela jurídica diferenciada a que J. J. Gomes Canotilho e Vital Moreira denominam de *dever de proteção especial*.[54] Registre-se, uma vez mais, que essa proteção especial deve ser empreendida não apenas por atuações negativas e positivas estatais, mas também no âmbito das relações privadas, à luz da eficácia horizontal dos direitos fundamentais (*Drittwirkung*), ainda que se trate de situação criada pelo exercício inicial da autonomia privada dos particulares.

De outro lado, não se pode ignorar o tratamento legislativo da questão, desde que compatível com os limites da intransponível moldura constitucional. É que, durante o ano de 2017, foram publicadas as Lei nº 13.429 e nº 13.467, que atribuíram novo regime jurídico às relações de trabalho, especialmente no que se refere à terceirização. Com efeito, trata-se de inovações legislativas que representam mudanças substanciais no cenário jurídico brasileiro quanto às possibilidades, aos limites e ao alcance da terceirização de atividades no âmbito do mercado de trabalho.

Não há qualquer dúvida de que essas novas leis – como qualquer outra – devem e só podem ser interpretadas a partir das disposições constitucionais sobre as relações de trabalho e os direitos fundamentais a ela inerentes; de modo que um ato normativo só se revela válido se formal e materialmente compatível com a Constituição, norma jurídica de hierarquia maior. Ao mesmo tempo, porém, trata-se de

---

[54] CANOTILHO, J. J. Gomes; MOREIRA, Vital. *Constituição da República Portuguesa anotada*. São Paulo: Revista dos Tribunais; Coimbra: Coimbra Editora, 2007, p. 198/199.

atuação legislativa que não pode ser ignorada, especialmente quando consideradas as formulações teóricas de que também ao Poder Legislativo compete a atividade de interpretação do texto constitucional no exercício de sua atividade normativa típica.

Sob essas premissas gerais, as citadas leis serão devida e oportunamente analisadas na presente obra. Antes, porém, até mesmo em respeito à hierarquia das normas jurídicas e do processo lógico que a interpretação jurídica deve seguir, buscar-se-á prosseguir na análise da questão sob uma perspectiva constitucional. Assim é que, já assentados os parâmetros relativos ao valor constitucional do trabalho, parte-se à proposta de identificação de um domínio normativo da relação de trabalho, à luz dessa dimensão trabalhista da dignidade da pessoa humana.

2.3 O domínio normativo da relação de emprego

A tarefa de interpretar textos jurídicos, essencial ao exercício da função judicante, é matéria objeto de aprofundados debates, notadamente no campo da *hermenêutica constitucional*, que, em linhas sintéticas, tem por escopo "o estudo e a sistematização dos processos aplicáveis para determinar o sentido e o alcance das expressões do Direito".[55] Apesar das inúmeras divergências sobre o tema, que derivam, até mesmo, das distintas compreensões filosóficas e metodológicas do Direito, pode-se apontar um ponto relativamente pacífico nas abordagens pós-positivistas: a distinção entre *texto normativo* e *norma*.

Durante muito tempo, sob o predomínio de uma concepção positivista, prevalecia o entendimento de identificação entre *texto* e *norma*, guiando-se a atividade interpretativa por um mero juízo de subsunção do fato à norma respectiva, aplicando-se a ele as consequências já previstas no texto normativo. É que se buscava imprimir um discurso pretensamente científico ao Direito, conforme os traços metodológicos de distinção entre observador e objeto,

---

[55] MAXIMILIANO, Carlos. *Hermenêutica e aplicação do direito*. Rio de Janeiro: Forense, 2006, p. 5.

inicialmente característicos das ciências naturais. Aliás, esse movimento positivista não se limitou ao campo jurídico, tendo forte aplicação no campo das ciências sociais em geral.

No âmbito da sociologia, por exemplo, Augusto Comte promoveu a tentativa de lhe imprimir esse mesmo discurso científico das ciências naturais, em que as sociedades apenas podiam ser observadas a partir do distanciamento daquele que a observa. Nesse contexto é que o autor desenvolveu a noção de *darwinismo social*, por exemplo, em que, assim como nas espécies vivas, seria possível identificar aquelas sociedades que já estariam em estado evolutivo mais avançado em comparação a outras, formulação teórica que albergava uma visão euro e etnocêntrica da vivência humana.

Em relação ao positivismo jurídico, desenvolvia-se, sob essas premissas, uma concepção estritamente formal das leis e do Direito, em que a legitimidade e a validade de uma norma são aferidas tão somente por critérios internos à própria ciência do Direito, como a competência da autoridade que a editou. A partir desse mote de promoção de ajustes lógico-metodológicos de caráter pretensamente científicos, procurava-se afastar do campo jurídico qualquer elemento valorativo que lhe fosse externo, especialmente em relação ao momento de sua aplicação.

Nesse contexto é que se desenvolveu, por exemplo, a *Teoria Pura* de Hans Kelsen, segundo a qual:

> quando a si própria se designa como "pura" teoria do Direito, isto significa que ela se propõe a garantir um conhecimento apenas dirigido ao Direito e excluir deste conhecimento tudo quanto não pertença ao seu objeto, tudo quanto não se possa, rigorosamente, determinar como Direito.[56]

Pretendia-se, portanto, *"libertar a ciência jurídica de todos os elementos que lhe são estranhos"*,[57] concepção em que a validade das normas jurídicas independia do conteúdo que estas traziam, identificando-se a norma com seu próprio texto. Entretanto, a História

---

[56] KELSEN, Hans. *Teoria pura do direito*. Tradução de João Baptista Machado. São Paulo: Martins Fontes, 2006, p. 1.
[57] *Ibidem*, p. 1.

encarregou-se de demonstrar a insuficiência e os perigos de tal modelo, que, ao longo do tempo, tornou-se gradativamente superado.

Assim é que aqui se propugna por uma concepção hermenêutica em que *texto* e *norma* se diferem. Aquele, quando existente, deve ser o ponto de partida para o processo hermenêutico, servindo de limite ao intérprete e constrangendo sua atividade de interpretação. Entretanto, ao mesmo tempo que não se pode ignorar o texto normativo, a extração de seu conteúdo e da norma nele contida deve envolver fundamentos materiais mais amplos, os quais se revelem compatíveis com os valores sociais, bem como com os princípios e as normas constitucionais, que revelam também a parcela moral do conteúdo jurídico.

Nessa concepção, a mera atividade subsuntiva passa a ser insuficiente, e até mesmo impossível, visto que é inevitável ao intérprete, durante o processo hermenêutico, deixar de ser quem é, de modo que suas características pessoais, suas concepções políticas e sociais, suas visões de mundo são fatores que sempre e inevitavelmente condicionarão sua atividade de interpretação. Dentro de uma noção gadameriana de círculo hermenêutico, o intérprete é, também, um *ser-no-mundo*, temporal e espacialmente condicionado, em referência à formulação heideggeriana.[58] Sob esse entendimento, mesmo quando o texto normativo revela-se inicialmente claro e sem qualquer dúvida, sua aplicação demandará uma atividade interpretativa,[59] em que os elementos pessoais do intérprete sempre e inevitavelmente influirão.

---

[58] HEIDEGGER, Martin. *Ser e tempo*. Tradução de Márcia Sá Cavalcante Schubak. Petrópolis: Vozes; Bragança Paulista: Ed. Universitária São Francisco, 2013.

[59] Em obra específica sobre o Direito do Trabalho, Márcio Túlio Viana discorre sobre a inevitabilidade do processo interpretativo: "*Na verdade, o Direito não é apenas a lei. A lei não é apenas aquilo que o deputado quis que ela fosse, nem mesmo apenas o que o juiz quer que ela seja. Pois ela viaja por mil lugares. Invade as empresas, os bares, os ônibus, as ruas e até nossos lares. Ela está também em nós, não apenas no deputado, no senador, no fiscal, no procurador, no advogado ou no juiz. E como ela vive pelo mundo, todos nós, pessoas do mundo, ajudamos a construí-la, dando sentidos a ela. Nós também a interpretamos. Na verdade, nós interpretamos tudo. De manhã, quando nos olhamos no espelho, interpretamos o nosso rosto: se está jovem ou velho, feio ou bonito, cansado ou não. Ao nos despedirmos da mulher ou do marido, interpretamos também os seus modos de falar, de andar, ou até mesmo de vestir: se ela (ou ele) está impaciente, se está querendo nos agradar... Coisa parecida ocorre quando olhamos para as leis, as regras. Nós também as interpretamos. [...] Ocorre que, às vezes, a regra é muito simples, e então as interpretações coincide. Mas mesmo as regras simples às vezes nos enchem de dúvidas. [...] Assim, os sentidos da lei também dependem do nosso olhar. Dependem do trabalhador, do patrão, do juiz, do advogado, do*

É partindo dessa distinção elementar e fundamental que Friedrich Müller, por exemplo, apresenta sua *Teoria Estruturante do Direito*, diferenciando, no processo de concretização das normas constitucionais, os conceitos de *programa normativo* e de *domínio normativo*. O teórico alemão propõe que, partindo de um texto – que orienta e limita a atividade interpretativa –, atinge-se o seu *programa normativo*, resultante da análise conjunta de seus componentes linguísticos e jurídicos. Tal elemento, entretanto, seria insuficiente à *concretização* da norma referenciada, em cujo processo os aspectos da realidade social sobre a qual tal texto jurídico incide devem ser também considerados, a partir de cuja conjugação se atinge seu *domínio normativo*. Desse modo, somente a consideração conjunta de todos esses componentes é que permite a extração do efetivo significado de uma *norma*, que tem no seu *texto* apenas sua forma mais comum de expressão. Esse caminho interpretativo proposto por Müller é muito bem sintetizado por J. J. Gomes Canotilho, nos seguintes termos:

> Os postulados básicos da metódica *normativo-estruturante* são os seguintes: (1) a metódica jurídica tem como tarefa investigar as *várias funções de realização do direito constitucional* (legislação, administração, jurisdição); (2) e para captar a transformação das normas e concretizar numa "decisão prática" (a metódica pretende-se ligada à resolução de problemas práticos); (3) a metódica deve preocupar-se com a *estrutura* da norma e do texto normativo, com o sentido de normatividade e de processo de concretização, com a conexão da concretização normativa e com as funções jurídico-práticas; (4) elemento decisivo para a compreensão da estrutura normativa é uma teoria *hermenêutica da norma jurídica* que arranca da não identidade entre *norma e texto normativo*; (5) o texto de um preceito jurídico positivo é apenas a parte descoberta do iceberg normativo (F. Müller), correspondendo em geral ao programa normativo (ordem ou comando jurídico na doutrina tradicional); (6) mas a norma não compreende apenas o texto, antes abrange um "domínio normativo", isto é, um "pedaço de realidade social" que o programa normativo só parcialmente contempla; (7) consequentemente, a *concretização normativa* deve considerar e trabalhar com dois tipos de elementos de concretização: um formado pelos elementos resultantes da interpretação do texto da norma (= elemento literal da doutrina

---

deputado..." (VIANA, Márcio Túlio. *70 anos de CLT*: uma história de trabalhadores. Brasília: Tribunal Superior do Trabalho, 2013, p. 79-80).

clássica); outro, o elemento de concretização resultante da investigação do referente normativo (domínio ou região normativa).[60]

Retoma-se, nessa altura, a noção *gadameriana* de *círculo hermenêutico*,[61] típica da hermenêutica filosófica, em que se afirma a influência recíproca entre a *norma jurídica* e os *fatos* aos quais se aplica, sendo imprescindível ao intérprete que considere a realidade fática do substrato social na realização de sua atividade hermenêutica.[62] Nesse sentido, Müller assim dispõe:

> Visto dessa maneira e expresso de modo convencional, não apenas a norma é aplicada ao caso, mas também este é aplicado à norma. Com o desenvolvimento tipológico de âmbito e programa normativos, a eficácia jurídica da disposição não é estabelecida de modo definitivo, visto que a distribuição de ambos os aspectos, juntamente com outros dados, é diferente em função do grau de precisão de sua aplicação no caso particular.[63]

Adotando-se, como se propõe, uma abordagem publicista do Direito do Trabalho e do fenômeno da terceirização, a consideração dos elementos fáticos e sociais para a sua interpretação ganham uma maior importância. Nesse sentido, Maria do Rosário Palma Ramalho, professora catedrática da Faculdade de Direito da Universidade de Lisboa, destaca que:

> o sentido juridicamente relevante da ideia de actividade de trabalho tem exactamente que partir de um contributo extrajurídico: a valência sociológica do trabalho, que o reconduz à ideia de actividade humana de criação de utilidades implicando certo esforço.[64]

A proposição de que sejam considerados elementos para além da redação de um texto normativo – isto é, para a proteção das relações

---

[60] CANOTILHO, J. J. Gomes. *Direito constitucional e teoria da constituição*. 7. ed. Coimbra: Almedina, 2003, p. 1213, grifos no original.
[61] GADAMER, Hans-Georg. *Verdade e método*. Petrópolis: Vozes, 2008.
[62] MENDES, Gilmar Ferreira; BRANCO, Paulo Gustavo Gonet. *Curso de direito constitucional*. São Paulo: Saraiva, 2015, p. 93.
[63] MÜLLER, Friedrich. *Teoria estruturante do direito*. Tradução de Peter Naumann e Eurides Avance de Souza. São Paulo: Revista dos Tribunais, 2011, p. 247.
[64] RAMALHO, Maria do Rosário Palma. *Da autonomia dogmática do direito do trabalho*. Coimbra: Almedina, 2000, p. 67.

de trabalho, mais do que aquilo que está textualmente previsto no art. 7º, I, da CRFB/88 (que promoveu a constitucionalização e a proteção da relação de emprego) – relaciona-se, nesse aspecto, com a perquirição do *domínio normativo* que melhor expresse a norma contida em tal dispositivo. É dizer: mais do que um recurso produtivo, a relação de emprego deve ser interpretada considerando-se o substrato social imanente às relações de trabalho, à luz da dignidade da pessoa humana e dos direitos fundamentais.

Na perspectiva da doutrina tradicional do Direito do Trabalho, sustenta-se, de um modo geral, a existência de uma relação de emprego, quando uma pessoa física presta seu trabalho, ou permanece à disposição, a um empregador, mediante atividade pessoal, não eventual, com onerosidade e sob a subordinação do tomador dos serviços. Nesse sentido, costuma-se apontar os seguintes elementos caracterizadores da relação de emprego: (i) trabalho por *pessoa física*; (ii) *pessoalidade* na prestação do trabalho; (iii) *não eventualidade*; (iv) *onerosidade*; e (v) *subordinação*.[65] Em linha semelhante, ratificando tais construções doutrinárias, a Consolidação das Leis do Trabalho (CLT) considera empregado "toda pessoa física que prestar serviços de natureza não eventual a empregador, sob a dependência deste e mediante salário" (art. 3º do Decreto-Lei nº 5.452/43).

A adoção, por outro lado, de uma concepção publicista da relação de emprego que gravite em torno do texto constitucional reclama a análise do seu *domínio normativo*, na linha do que aqui se propõe. Nesse seguimento, a mais exata compreensão do conceito deve orientar-se, também, por uma interpretação sistemática da CRFB/88, bem como considerar o contexto sócio-histórico em que exsurge o já aludido fenômeno da *constitucionalização da relação de emprego*.

Em um Estado Democrático de Direito, e diante do princípio da dignidade da pessoa humana, a noção de relação de emprego deve ser compreendida de forma conjugada com o *direito fundamental ao trabalho digno*, conquista histórica do ser humano que se erigiu em contraposição às diversas experiências históricas de "*espoliação das*

---

[65] Nesse sentido, Cf. DELGADO, Maurício Godinho. *Curso de direito do trabalho*. São Paulo: LTr, 2016, p. 299 e seguintes.

energias humanas com intuitos econômicos".[66] Ou seja: a proteção da relação de emprego não se limita, sob uma leitura constitucional, à garantia de um posto de trabalho aos que assim desejarem, alinhada a direitos trabalhistas mínimos. Apesar de essa ser uma faceta importante e necessária, a proteção da relação de trabalho deve orientar-se pela proteção da *relação digna de emprego*, em que tal vínculo jurídico deve ser apreendido como meio de concretização de direitos fundamentais.

Cumpre, nesse momento, rememorar que a própria compreensão que se tem da relevância do trabalho oscilou ao longo da história do pensamento humano ocidental. Na Antiguidade, por exemplo, costuma-se destacar a concepção aristotélica que contrapunha o trabalho à contemplação. Apresentando o escravo como *instrumento animado*, o celebrado filósofo considerava-o, tão somente, "uma posse e um instrumento para agir separadamente e sob as ordens de seu senhor".[67] Em um modelo escravagista e servil, defendia-se, mais do que uma subordinação, uma total *sujeição pessoal* do trabalhador ao seu dono.

Durante a Idade Média, exsurge uma concepção peculiar da relação de trabalho, igualmente importante à compreensão de sua evolução. Em uma superação paulatina do modelo de *servidão e vassalagem*, estabeleceu-se, nessa época, uma relação mais íntima entre o *mestre* e o *aprendiz*, que, muitas vezes, dava-se no âmbito da própria unidade familiar. O dono do negócio, detentor do conhecimento da atividade econômica, acumulava, com larga frequência, a função de chefe da família, confundindo-se as tarefas domésticas com as profissionais.[68]

Apesar de nessa época ainda não se ter propriamente uma noção do *direito ao trabalho*, porque este se desenvolvia no próprio âmbito familiar, evidenciava-se uma nítida relação próxima e direta do trabalhador com o fruto do seu trabalho. Em tal cenário, era comum

---

[66] DELGADO, Maurício Godinho; DELGADO, Gabriela Neves. O princípio da dignidade da pessoa humana e o direito do trabalho. In: *Diálogos entre o direito do trabalho e o direito constitucional*: estudos em homenagem a Rosa Maria Weber. São Paulo: Saraiva, 2014, p. 214-215.

[67] ARISTÓTELES. *Política*. São Paulo: Martin Claret, 2001.

[68] Sobre o tema, confira-se: DE MASI, Domenico. *O futuro do trabalho*. Rio de Janeiro: José Olympio; Brasília: Ed. UnB, 1999, p. 110.

que a relação entre mestres e aprendizes se confundisse com as próprias relações familiares de parentesco, tomando lugar no ambiente doméstico. E essa circunstância afastava a ideia do direito ao trabalho, já que, em verdade, tratava-se de aspecto essencial à definição de determinada comunidade familiar e importante ao próprio sentimento de pertencimento à comunidade. Desse modo, o trabalho em família tem como um de seus traços fundamentais a realização da atividade laboral para os seus integrantes e, nesse sentido, para si mesmo, de maneira que todos são, ao mesmo tempo, executores das atividades laborais e titulares imediatos dos frutos deste trabalho.

Com o passar do tempo, entretanto, esse modelo mostrou-se insuficiente ao atendimento de novas demandas, especialmente quando o incremento da complexidade dos produtos confeccionados e a ascensão de teorias econômicas liberalistas (que tiveram como grande marco e referencial *A Riqueza das Nações*, de Adam Smith)[69] contribuíram para o surgimento da *Era Industrial*. Com efeito, foi a partir da industrialização do processo produtivo que se instauraram significativas mudanças nas condições de prestação do trabalho, essenciais à atual compreensão das *relações de emprego*.

Nesse contexto é que surge a figura do *empregador*, personagem que centraliza a direção do empreendimento e dita o modo de prestação do trabalho pela fixação de um regime hierárquico racionalizado, inserindo-se o trabalhador nessa cadeia de *subordinação*. Ademais, a explosão da era industrial marca, também, a consolidação da *alienabilidade* entre trabalhador e os frutos de seu trabalho, instrumentalizada pelo *contrato* de trabalho ou por outra forma de pactuação da prestação de serviços.

Domenico de Masi, sociólogo italiano que se dedica ao estudo da evolução das atividades produtivas, apresenta algumas outras "características essenciais do industrialismo e da sociedade industrial", das quais se destacam as seguintes:

> – Concentração de grandes massas de trabalhadores assalariados nas fábricas e empresas financiadas e organizadas pelos empresários segundo o modo de produção industrial.

---

[69] SMITH, Adam. *A riqueza das nações*. Tradução de Maria Teresa de Lemos Lima. Curitiba: Juruá, 2007.

– Prevalência numérica dos ocupados no setor secundário sobre os ocupados nos setores primário e terciário. [...]
– Progressiva racionalização e atualização científica da organização do trabalho.
– Divisão social do trabalho e sua parcelização técnica cada vez mais capilar e programada.
– Separação entre local de vida e local de trabalho, entre sistema familiar e sistema profissional, com progressiva substituição da família nuclear pela família ampliada. [...]
Convivência conflitante, nas fábricas e na sociedade, de duas partes sociais – empregadores e empregados – distintas, reconhecíveis e contrapostas. [...]
Difusão da ideia de que o homem, em conflito com a natureza, deve conhecê-la e dominá-la.
Sincronização do homem com os tempos incorporados às máquinas, não mais com os tempos e ritmos da natureza.
Predomínio dos critérios de produtividade e eficiência, entendidos como único procedimento para otimizar os recursos e os fatores de produção.
Convicção de que, para atingir os objetivos práticos por meio da organização, existe *one best way*, isto é, uma única via melhor que qualquer outra, a ser descoberta, preparada e percorrida. [...]
Existência de uma rígida hierarquia entre as várias regiões, estabilidade com base no produto nacional bruto, na posse das matérias-primas e dos meios de produção.[70]

Além de promover mudanças nas relações produtivas e laborais, a industrialização modificou radicalmente diversos aspectos da vida em sociedade. Com efeito, esse processo acarretou a separação do lugar de trabalho do local de moradia do trabalhador; a polarização entre empregadores e empregados, conforme a relação que possuem com os meios de produção e, também, pelos diferentes estilos de vida; a especialização do trabalhador em fases restritas do processo produtivo; a ampliação e massificação dos espaços de trabalho; a cientifização do processo de produção; a intensificação da urbanização das sociedades; a separação entre as atividades domésticas e as profissionais, entre outros efeitos. Um retrato das mudanças pode ser extraído da seguinte passagem:

---

[70] DE MASI, Domenico. *O futuro do trabalho*. Rio de Janeiro: José Olympio; Brasília: Ed. UnB, 1999, p. 121.

o trabalhador e a prole que o acompanhava nas fábricas logo passaram à dependência de chefes estranhos à família, que exerceram sobre eles (frequentemente de forma brutal) o poder hierárquico e disciplinar, prescindindo das considerações de caráter afetivo e avaliando resultados em vez de intenções, como é próprio dos contextos industriais que Tönnies chama de sociedades frias e impessoais (*Gesellschaft*), por contraposição às comunidades rurais-artesanais, quentes e protetoras (*Gemeinschaft*).[71]

O desenvolvimento e a conformação de todo esse cenário, além de essencial à compreensão do domínio normativo da *relação de emprego*, foi crucial ao próprio surgimento do *direito ao trabalho*, não apenas como direito individual fundamental, mas também em seu aspecto coletivo, impulsionando as formações das entidades representativas dos trabalhadores coletivamente.[72] Assim, a industrialização e seus efeitos foram conjuntamente fundamentais à construção do *Direito do Trabalho* enquanto sistema de normas próprias reguladoras das relações trabalhistas e como uma disciplina jurídica autônoma.

Todas essas construções são, assim, sintetizadas por Maurício Godinho Delgado:

> De fato, apenas a partir de fins da Idade Média e alvorecer da Idade Moderna verificaram-se as formas servis de utilização da força de trabalho. Esse quadro lançaria ao meio social o trabalhador juridicamente livre dos meios de produção e dos proprietários desses meios.
> O elemento nuclear da relação empregatícia (trabalho subordinado) somente surgiria, entretanto, séculos após a crescente destruição das relações servis. De fato, apenas já no período da Revolução Industrial é que esse trabalhador seria reconectado, de modo permanente, ao sistema produtivo, através de uma relação de produção inovadora, hábil a combinar liberdade (ou melhor, separação em face dos meios de produção e seu titular) e subordinação. *Trabalhador separado dos meios de produção (portanto, juridicamente livre), mas subordinado no âmbito da relação empregatícia ao proprietário (ou possuidor, a qualquer título) desses mesmos meios produtivos – eis a nova equação jurídica do sistema produtivo dos últimos séculos.*
> A relação empregatícia, como categoria socioeconômica e jurídica, tem seus pressupostos despontados com o processo de ruptura do

---

[71] *Ibidem*, p. 123.
[72] Nesse sentido, ARABI, Abhner Youssif Mota. Liberdade sindical no Brasil: surgimento, evolução e novas perspectivas do contexto pós-88. *Revista Publius*, v. 1, p. 1-14, 2015.

sistema produtivo feudal, ao longo do desenrolar da Idade Moderna. Contudo, apenas mais à frente, no processo da Revolução Industrial, é que irá efetivamente se estruturar como categoria específica, passando a responder pelo modelo principal de vinculação do trabalhador livre ao sistema produtivo emergente. Somente a partir desse último momento, situado desde a Revolução Industrial do século XVII (e principalmente século XVIII), é que a relação empregatícia (com a subordinação que lhe é inerente) começará seu roteiro de construção de hegemonia no conjunto das relações de produção fundamentais da sociedade industrial contemporânea. Apenas a partir do instante em que a relação de emprego se torna a categoria dominante como modelo de vinculação do trabalhador ao sistema produtivo, é que se pode iniciar a pesquisa sobre o ramo jurídico especializado que se gestou em torno dessa relação empregatícia. Esse instante de hegemonia – de generalização e massificação da relação de emprego no universo societário – somente se afirma com a generalização do sistema industrial na Europa e Estados Unidos da América; somente se afirma, portanto, ao longo do século XIX.[73]

Nesse esforço de que o conceito de *relação de emprego* inclua especificidades de um contexto mais amplo, convém destacar que esse mesmo processo foi posteriormente vivenciado no Brasil, sobretudo a partir da década de 1930, quando se fortaleceram e se impulsionaram os fenômenos da industrialização e da urbanização nacional. E, mais recentemente, evidencia-se com maior vigor a noção de que o trabalho é fundamental à própria conformação da dignidade do ser humano, em afirmação da influência recíproca da tríade *democracia, cidadania* e *valor do trabalho,* maximizada no contexto pós-88.

Desse modo, o processo de industrialização fez surgir dois elementos fundamentais para a compreensão da relação de emprego e que se mostraram relevantes, no passado, para a construção dos limites da terceirização: (i) a *cisão entre o trabalhador e os meios de produção*, e (ii) a *subordinação*,[74] consequente do primeiro elemento,

---

[73] DELGADO, Maurício Godinho. *Curso de direito do trabalho.* São Paulo: LTr, 2016, p. 91, grifou-se.
[74] Maurício Godinho Delgado assim dispõe sobre este elemento: "A subordinação corresponde ao polo antitético e combinado do poder de direção existente no contexto da relação de emprego. Consiste, assim, na situação jurídica derivada do contrato de trabalho, pela qual o empregado compromete-se a acolher o poder de direção empresarial no modo de realização de sua prestação de serviços". DELGADO, Maurício Godinho. *Curso de direito do trabalho.* São Paulo: LTr, 2016, p.311.

em razão da qual o trabalhador passa a fazer parte de uma estrutura hierarquizada e racionalizada de produção dirigida pelo empregador, que controla a atividade laboral estabelecendo o modo como ela é exercida.

Muito embora a relação de trabalho também requeira outros requisitos capazes de caracterizá-la, como aqui já elencado, esses dois elementos exsurgem como a principal marca diferenciadora da *relação de emprego*, em comparação com outras modalidades tradicionais de produção, antes já hegemônicas no mundo ocidental (*v.g.* escravidão e servidão). Essa dupla de requisitos mostrou-se, portanto, essencial para a diferenciação da *relação de emprego* diante de outras formas de trabalho, como o autônomo, eventual, avulso, etc.

Sob essa ótica, a partir do momento em que a propriedade dos meios de produção concentra-se sob a titularidade do empregador, a subordinação revela-se como uma limitação da plena e livre autonomia privada do empregado, que se submete ao poder de direção do empregador sobre o exercício de sua atividade profissional. Ainda que exista uma manifestação da autonomia privada no momento da contratação inicial, a desigualdade de forças e a eficácia horizontal dos direitos fundamentais legitimam a imposição de um *dever de proteção especial*.[75] O que está em jogo, todavia, é descobrir qual a justa dimensão dessa proteção especial que se pretende assegurar ao trabalhador.

Assim, o domínio normativo da *relação de emprego*, protegida expressamente pelo texto constitucional (art. 7º, I, da CRFB/88), há de considerá-la como instrumento concretizador de tal dever de proteção especial, em mitigação às desigualdades socioeconômicas que dela inerentemente derivam. Mais do que tutelar a autonomia privada daqueles que pactuam as condições do exercício da atividade laboral, exsurge a necessidade de que a *relação de emprego* seja considerada como meio de promoção de dignidade, de cidadania e de materialização de direitos fundamentais. Nesse sentido, mostra-se incompatível com a ordem constitucional o

---

[75] CANOTILHO, J. J. Gomes; MOREIRA, Vital. *Constituição da República Portuguesa anotada*. São Paulo: Revista dos Tribunais; Coimbra: Coimbra Editora, 2007, p. 198-199, conforme citação *supra*.

tratamento do trabalhador como um insumo ou mero recurso de produção, premissa que em pouco difere da mencionada concepção aristotélica de trabalho humano. Assim, impõe-se seja ele considerado como integrante do programa finalístico da empresa, já que, como ser humano, é dotado de um valor intrínseco, constituindo um fim em si mesmo.

Numa ótica publicista, a relação de emprego é enxergada como um vínculo jurídico que permite a atribuição dos frutos do trabalho executado por alguém a pessoa diversa, devendo ser considerados aspectos que afastem a *reificação*[76] do trabalhador, isto é, sua redução à condição de coisa, pela supressão de sua liberdade ou proteção deficiente de tal vínculo jurídico trabalhista. É por meio do contrato de trabalho que o empregado voluntariamente se insere na organização produtiva e econômica do empregador, assim como é, também, a forma pela qual este último, por meio do pagamento de um salário, justifica dois aspectos relevantíssimos da relação de trabalho: *(i)* a relação de hierarquia para com o trabalhador e *(ii)* a apropriação dos frutos de trabalho produzidos pelo exercício da atividade laboral. E vale lembrar que essa forma de exteriorização da relação trabalhista é, com clareza solar, aceita pela Constituição brasileira de 1988,[77] de modo que a interpretação da proteção constitucional da relação de emprego deve considerar a memória do *domínio normativo* a que se refere, conforme a evolução dos vários fatores do trabalho na história.

Nesse contexto, a interpretação das disposições constitucionais relativas à *relação de emprego*, em especial o art. 7º, I, da CRFB/88, há de ter presente o seu *domínio normativo*, em que os diversos elementos

---

[76] A expressão advém do alemão *Verdinglichung* (que, literalmente, significa "transformar uma ideia em uma coisa") ou *Versachlichung* ("objetificação"). Trata-se de conceito oriundo das ciências sociais e que teve como um de seus primeiros expoentes György Lukács. LUKÁCS, György. *História e consciência de classe*: estudos de dialética marxista. Tradução de Telma Costa. Revisão de Manuel A. Resende e Carlos Cruz. 2. ed. Rio de Janeiro: Elfos; Porto, Portugal, Publicações Escorpião, 1989. Assumir o trabalhador como coisa, isto é, como instrumento e não como finalidade em si mesmo, representaria direta e inadmissível violação à dignidade da pessoa humana, especialmente em sua dimensão trabalhista, aqui defendida.

[77] Como se verá em capítulo especificamente destinado à análise do direito comparado (Capítulo 4), a proteção constitucional à relação de trabalho em outras ordens constitucionais segue essa mesma linha mestra.

constituintes do trabalho articulam-se reciprocamente, considerando que "a realidade social sobre a qual o Direito do Trabalho repousa [...] é precisamente o trabalho humano, produtivo, livre e por conta alheia".[78] A investigação do domínio normativo da *relação de emprego*, aliada ao estudo da evolução histórica de sua conformação, revela que sempre existiu uma ligação entre aquele que presta determinado serviço e o que, titular dos meios de produção, beneficia-se de seus resultados, seja pela relação de escravidão (em que o prestador do serviço era tão somente mais um meio de produção), seja pela coincidência entre as duas figuras, ou mesmo pelo vínculo jurídico-trabalhista (como presente na era pós-industrial). Considerado todo o cenário até aqui delineado, o conceito moderno de *relação de emprego* parece pressupor um vínculo jurídico entre o prestador de serviços e aquele para quem ele os presta de forma subordinada, em que o pagamento de um salário ao empregado passa a ser mecanismo legitimador da relação hierárquica estabelecida, bem como da apropriação, pelo empregador, dos frutos decorrentes do trabalho desempenhado.

É nesse sentido que a inserção do trabalhador na atividade finalística da empresa pelo desempenho de atribuições ínsitas ao seu objeto social nem sempre implicará o reconhecimento da existência de uma *relação de emprego*, esse não é o único vínculo jurídico possível. Dessa maneira, e à luz de uma interpretação constitucional sistemática destinada a garantir a dignidade do trabalhador, o fenômeno de *intermediação da mão de obra* em relação às atividades finalísticas do empregador – em que formalmente se estabelece um vínculo jurídico-trabalhista entre o empregado e um intermediador, e outra relação contratual entre este intermediador e o efetivo tomador de serviços – não conduzirá, necessariamente, ao reconhecimento de uma *relação de emprego* direta com o tomador, especialmente quando houver interpretação constitucional promovida no âmbito legislativo que permita conclusão diversa. Mais do que a proteção da relação de emprego

---

[78] ALONSO OLEA, Manuel; BAAMONDE, Maria Emilia Casas. *Derecho del trabajo*. Madrid: Thomson Civitas, 2008, p. 71. Tradução livre de: "la realidad social sobre la que el Derecho del Trabajo descansa, [...] es precisamente el trabajo humano, productivo, libre u y por cuenta ajena".

em si, deve-se visar à proteção da relação de trabalho, conceito mais amplo e que abarca diversas formas de organização da atividade laboral no processo produtivo, respeitadas, em todas elas, a dimensão trabalhista da dignidade da pessoa humana e todo o arcabouço constitucional-normativo que regula aspectos relacionados a esse cenário.

CAPÍTULO 3

A POSSIBILIDADE CONSTITUCIONAL DA TERCEIRIZAÇÃO

O termo *terceirização* tem origem no âmbito da administração de empresas a partir de uma apreensão extrajurídica do termo *terceiro* e expressava o movimento de descentralização empresarial das atividades de produção. Por meio da terceirização, etapas do processo produtivo eram transferidas a uma organização, uma *terceira* em relação à sociedade empresária. Em essência, tratava-se de prática pela qual uma empresa contratava outra pessoa jurídica para a consecução de determinada atividade, sem que se alterasse a *bilateralidade* clássica da relação de trabalho, estabelecida entre empregado e empregador: os fins visados pela primeira empresa continuavam a sê-lo mediante atuação de seu corpo de empregados, e, assim, também na segunda empresa, que perquiria a finalidade para a qual contratada por meio do exercício de atividades de seu próprio corpo de empregados e mediante diretrizes por ela própria estabelecidas.

De modo um pouco diverso, porém, sob o enfoque mais estrito do Direito do Trabalho, a *terceirização* apresenta-se como um modo de intermediação de mão de obra, pelo qual o trabalhador encontra-se formalmente vinculado a uma sociedade empresária terceirizante, mas exerce suas atividades em outra empresa, que é a tomadora dos serviços. Apesar de serem variadas as definições doutrinárias deste instituto, esse parece ser o elemento comum a todas elas, como abaixo se colaciona. Esclarece-se, para fins de um necessário acordo semântico, que, a partir desse ponto, adotar-se-á o termo *terceirização* nessa segunda acepção, sob o enfoque trabalhista, referindo-se ao primeiro significado como uma mera *descentralização do processo produtivo*. Não obstante a terceirização mantenha a mesma ideia de subcontratação que é inerente à descentralização do processo produtivo, ela reveste-se de traços distintivos próprios, a começar pelo próprio objeto de contratação: enquanto no fenômeno da descentralização tem-se por objeto um determinado serviço ou produto; na terceirização, este passa a ser a própria força de trabalho de alguns indivíduos, isto é, a sua mão de obra.[79] Seguem os exemplos de definição de terceirização:

> *Para o Direito do Trabalho terceirização é o fenômeno pelo qual se dissocia a relação econômica de trabalho da relação justrabalhista que lhe seria correspondente*. Por tal fenômeno insere-se o trabalhador no processo produtivo do tomador de serviços sem que se estendam a este os laços justrabalhistas, que se preservam fixados com uma entidade interveniente. *A terceirização provoca uma relação trilateral em face da contratação de força de trabalho no mercado capitalista: o obreiro, prestador de serviços, que realiza suas atividades materiais e intelectuais junto à empresa tomadora de serviços; a empresa terceirizante, que contrata este obreiro, firmando com ele os vínculos jurídicos trabalhistas pertinentes; a empresa tomadora de serviços, que recebe a prestação de labor, mas não assume a posição clássica de empregadora desse trabalhador envolvido.*[80]

> *Consiste a terceirização na possibilidade de contratar terceiro par a realização de atividades que geralmente não constituem o objeto principal da empresa*. Essa contratação pode compreender tanto a produção de bens como serviços, como ocorre na necessidade de contratação de serviços de limpeza, de vigilância ou até de serviços temporários. [...]
> Compreende a terceirização uma forma de contratação que vai agregar a atividade-fim de uma empresa, normalmente a que presta os serviços, à atividade-meio de outra.[81]

> [...] o fenômeno da terceirização consiste em transferir para outrem atividades consideradas secundárias, ou seja, de suporte, atendo-se a empresa à sua atividade principal; esta se concentra na sua atividade-fim, transferindo as atividades-meio.[82]

---

[79] PAIXÃO, Cristiano; LOURENÇO FILHOS, Ricardo. Impactos da terceirização no mundo do trabalho: tempo, espaço e subjetividade. *Revista TST*, Brasília, v. 80, n. 3, jul./set. 2014.

[80] DELGADO, Maurício Godinho. *Curso de direito do trabalho*. São Paulo: LTr, 2015, p. 473, grifou-se.

[81] MARTINS, Sergio Pinto. *A terceirização e o direito do trabalho*. São Paulo: Atlas, 2011, p. 10, grifou-se.

[82] BARROS, Alice Monteiro. A terceirização sob a nova ótica do Tribunal Superior do Trabalho. *Revista Trabalho e Processo*, n. 4, mar.1995.

Como se nota, muitas das definições do instituto mencionam a sua limitação a atividades instrumentais e preparatórias, uma visão cuja obrigatoriedade foi afastada pela regra legal atual sobre a matéria e que será analisada detidamente neste livro. Em superação ao clássico modelo empregatício essencialmente bilateral (empregador e empregado), introduz-se no aspecto socioeconômico e jurídico da relação de emprego um *modelo trilateral*, em que:

> a dissociação entre relação econômica de trabalho (firmada com a empresa tomador) e relação jurídica empregatícia (firmada com a empresa terceirizante) traz graves desajustes em contraponto aos clássicos objetivos tutelares e redistributivos que sempre caracterizam o Direito do Trabalho ao longo de sua história.[83]

Do ponto de vista histórico, a terceirização ganha força a partir da propulsão do neoliberalismo na década de 1970, que retomou o avanço dessa forma de capitalismo por meio do incentivo a práticas liberais de livre negociação e de abstencionismo estatal. Esse modelo, iniciado nos Estados Unidos e na Europa ocidental, transferia significativa parte da matriz estatal para o mercado, que era considerado ambiente mais dinâmico e compatível com a finalidade de desenvolvimento socioeconômico. Nos países latino-americanos, esse movimento se fortaleceu a partir da década de 1990, quando se destacaram políticas de privatização de entidades estatais, redução das instituições do Estado, desregulamentação e flexibilização da legislação trabalhista, aprofundamento da terceirização, acanhamento de políticas sociais em geral, entre outras medidas similares.

A predominância desse novo modelo acabou por afetar diretamente as relações de trabalho e emprego, causando a plasticidade da regulamentação dos direitos sociais trabalhistas. Nesse sentido, com a finalidade precípua de redução dos custos de produção e de flexibilização das normas trabalhistas, criaram-se práticas voltadas à celebração de contratos atípicos de trabalho, a fim de se evitar a incidência de normas protetivas ao trabalhador. Dentre elas, destacou-se a terceirização, o que a fez ficar intimamente associada à precarização do trabalho.

---

[83] DELGADO, Maurício Godinho. *Curso de direito do trabalho*. São Paulo: LTr, 2015, p. 473.

Essa padronização de políticas internas, impulsionadas pelo avanço do mercado financeiro e da globalização, aliada às origens sociológicas e produtivas da terceirização revelou um:

> novo ambiente internacional marcado pela lógica da instabilidade, [em que] o curto prazo da produção *just in time* impõe processos ágeis de produção e de trabalho, enquanto no plano ideológico, político e cultural, o pensamento neoliberal reivindica a flexibilização das relações de trabalho e a redução dos custos de produção, cenário em que a terceirização passa a ocupar lugar de destaque nas formas de gestão do trabalho, nos diversos países capitalistas, e 'se torna prática chave para a flexibilização produtiva nas empresas, transformando-se na principal via de flexibilização dos contratos de emprego.[84]

Como se observa de sua origem histórica e de sua matriz filosófica, a terceirização surge com o propósito de reduzir os custos produtivos do trabalho, redistribuindo os riscos inerentes à produção e à comercialização de bens e serviços em maior peso aos trabalhadores. Sobre as motivações e objetivos da expansão da terceirização, assim expõe Márcio Pochmann:

> Ao contrário da experiência dos países desenvolvidos, a terceirização no Brasil contém especificidades significativas. Na maior parte das vezes, a terceirização encontra-se associada ao ambiente persistente de semi-estagnação da economia nacional, de baixos investimentos, de diminuta incorporação de novas tecnologias, de abertura comercial e financeira e de desregulamentação da competição intercapitalista.
> Por conta disso, o sentido da terceirização vem se revelando um processo de reestruturação produtiva defensiva, mais caracterizada pela minimização de custos e adoção de estratégias empresariais de resistência (sobrevivência). Diante do contexto macroeconômico desfavorável e não isonômico à competição intercapitalista, os resultados da terceirização dos contratos [...] indicam modalidades distintas de ajustes no padrão de emprego formal.[85]

Desse modo, nascida como mecanismo concorrencial de redução de custos produtivos, alega-se que a terceirização acaba por

---

[84] DELGADO, Gabriela Neves; AMORIM, Helder Santos. *Os limites constitucionais da terceirização*. São Paulo: LTr, 2014, p. 22/23.
[85] POCHMANN, Márcio. *A superterceirização do trabalho*. São Paulo: Revista dos Tribunais, 2008, p. 40.

subsidiar, em grande parte dos casos, a contratação de trabalhadores com salários menores e, por vezes, em condições de trabalho inferiores aos dos postos de trabalho equivalentes e não submetidos à intermediação de mão de obra. Nesse sentido, costuma-se afirmar que se instaura uma zona de tensão entre aqueles que desfrutam de uma relação de emprego plenamente protegida (fundamentada no clássico modelo bilateral de contrato trabalhista) e os que estão submetidos a contratos atípicos de trabalho (como a terceirização). Nessa realidade, entretanto, o que mais deve importar é a garantia ao trabalhador de uma relação jurídica que prestigie o seu trabalho e a sua dignidade enquanto ser humano, pouco importando se o vínculo resulta de uma terceirização.[86]

A prática da terceirização não precisa, necessariamente, acarretar condições piores ou menos favoráveis ao trabalhador. Não há, assim, um liame necessário entre terceirização e precarização do trabalho, visto que é possível a plena tutela jurídica da dignidade do trabalhador e de suas condições de trabalho, mesmo em meio à terceirização. Essa lógica parece se fortalecer no cenário atual em que a referida prática passa a ser objeto de preocupação específica do legislador, que passa a atribuir ao fenômeno da terceirização tratamento legislativo próprio e disciplina jurídica específica mais completa, tal qual se tentou fazer pela edição das Leis nºs 13.429 e 13.467, ambas de 2017.

Pode-se dizer, até mesmo, que aquela prática voltada usualmente para a redução dos custos de produção passa a ser encarada como um contrato típico de trabalho, cujos efeitos jurídicos devem ser regulados, a fim de que também seja garantida a dimensão trabalhista da dignidade da pessoa humana. E a redução dos custos de produção não significa, por si só e necessariamente, um cenário menos protegido ou materialmente pior ao trabalhador, sobretudo em tempos de instabilidade econômica, exsurgindo como primeira necessidade a proteção das relações de trabalho e não apenas da tradicional relação bilateral de emprego em si.

Assim é que o mero desempenho de atividade finalística da empresa pelo terceirizado, mediante a realização de funções

---

[86] ROMITA, Arion Sayão. *Direitos fundamentais nas relações de trabalho*. São Paulo: LTr, 2014, p. 242.

atreladas ao objeto social do empresário (individual ou sociedade empresária), não implica, necessariamente, uma ofensa à dignidade do trabalhador. É que existem situações em que uma parcela dessas atividades-fim pode ser mais bem executada por outro empresário mais eficiente ou especializado naquela prestação material específica. A eficiência tem um preço no mundo contemporâneo, cuja importância destaca-se no processo produtivo. Quem a ela não destina uma atenção apropriada é eliminado do mercado. Antes aceitar a alternativa da terceirização de atividade-fim do que o contrário, caminho que, no mundo em que se vive, é capaz de inviabilizar o funcionamento da empregadora e promover o desemprego.

É dizer: a proteção constitucional à relação de trabalho, em que a dignidade do trabalhador representa grande parcela de seu conteúdo, pressupõe a anterior existência de um posto de trabalho. Não que – como já afirmado – o valor social do trabalho e sua tutela constitucional sejam satisfeitos pela mera existência, em si, de um posto de trabalho àqueles que assim desejarem, sendo imprescindível que se resguarde também pelas condições materiais em que esse trabalho é exercido e as situações que por meio dele são propiciadas ou não ao trabalhador. Mas não se pode ter uma compreensão limitada que reconheça uma simplista e perene imbricação entre a terceirização e a proteção deficiente das relações de trabalho.

O desenho constitucional brasileiro considera o trabalho digno como um valor relevante para a emancipação do ser humano, mas a sua materialização não ocorre apenas por meio do vínculo de emprego *stricto sensu*. Trabalho sem vínculo de emprego – ou com vínculo formado com pessoa outra que não o tomador direto de seus serviços – também pode ser valoroso em todos os aspectos que se pretenda considerar.

Nesse diapasão, a análise teórica sobre como a dignidade no trabalho pode ser alcançada deve considerar os mais variados fatores, tais como as condições econômicas de um país, a organização geopolítica internacional, as situações de momento dos mercados interno e externo, entre outros; devendo todos eles ser cogitados para a elaboração de uma política pública estruturada de trabalho, em que a terceirização – de atividade-meio ou de atividade-fim –

não parece exsurgir inconstitucional ou indigna por si só. Como acima se assentou, a pretensão de reduzir os custos de produção não significa, necessariamente, uma atuação voltada para causar prejuízos aos trabalhadores.

Sob outro enfoque, o papel de trabalhador não é o único assumido pelo ser humano na sociedade. O cidadão também satisfaz suas necessidades como consumidor, como destinatário de serviços públicos e desempenha outros vários papéis em que a redução de custos proporcionada pela terceirização pode ser mais diretamente interessante.[87]

De outro lado, a redução dos custos de produção e da própria manutenção das relações formais de trabalho poderia ensejar a regularização expressiva de parte da economia informal urbana, isto é, os trabalhadores que se encontram marginalizados pelos subempregos e pelos postos informais de trabalho. A propósito, destacam-se alguns dados do Instituto Brasileiro de Geografia e Estatística (IBGE), constantes na edição de 2016 da "Síntese de Indicadores Sociais: uma análise das condições de vida da população brasileira", em que se aponta que 41,8% da população brasileira ocupada está alocada em trabalhos informais, considerados pelo Instituto como aqueles realizados sem carteira assinada, incluindo os trabalhadores domésticos, empregadores e trabalhadores por conta própria que não contribuem para a previdência social, trabalhadores não remunerados, além dos trabalhadores na produção para o próprio consumo e na construção para o próprio uso, conforme definição da própria pesquisa.[88] Mais vale proteger com regras extremamente rígidas alguns trabalhadores ou tutelar –

---

[87] Exemplificativamente, ao tratar do princípio da preservação da empresa sob uma ótica pragmática e consequencialista, Andréa Magalhães assenta que: "Inviabilizar a atividade empresarial, sobretudo de pequeno porte no terceiro setor, acarreta prejuízos não apenas para aquela empresa, mas para os trabalhadores e prestadores de serviço que vivem daquela atividade. É inegável o caráter pragmatista do princípio da preservação da empresa, que flexibiliza regras a fim de evitar consequências negativas definitivas". MAGALHÃES, Andréa. *Jurisprudência da crise: uma perspectiva pragmática*. Rio de Janeiro: Lumen Juris, 2017, p. 213.

[88] A pesquisa aponta um total de 94,4 milhões de pessoas ocupadas (entre a população de 16 anos ou mais de idade), dos quais 39,5 são apontadas como ocupantes de trabalhos informais. Os resultados citados estão disponíveis em: <https://biblioteca.ibge.gov.br/visualizacao/livros/liv98965.pdf>. Acesso em: set. 2017.

ainda de que forma mais flexível, mas igualmente digna – um maior número de pessoas?

Aliás, uma medida de estímulo como essa poderia representar, até mesmo, importante fator de emancipação social, já que negros, mulheres e jovens constituem a maior parte percentual desse setor informal da economia. Esse é só mais um exemplo de que, ao contrário do que muitos parecem sustentar, não há uma relação de causalidade direta entre a ampliação da terceirização e a redução da qualidade das condições de trabalho ou da proteção do trabalho.

É bem verdade ser mais usual, diante de todo o arcabouço teórico anteriormente aqui afirmado, a prestação do trabalho de forma direta entre o tomador de serviços e aquele trabalhador que supre suas necessidades por meio do exercício de sua atividade laboral. Sob uma perspectiva do direito obrigacional, pode-se dizer existir um *facere* do empregado em favor da empresa tomadora de seus serviços e um posterior *dar* desta à empresa com a qual estabelecido o vínculo jurídico formal do trabalhador (*rectius*: o pagamento), inexistindo uma prestação material do empregado em prol dos interesses do seu empregador formal. Contudo, entende-se que a terceirização pode excepcionar essa regra, sem que disso se extraia uma conclusão de que há uma precarização das relações de trabalho.

Ao mesmo tempo que se protege o valor social do trabalho e se erige a pessoa humana – inclusive enquanto trabalhador – à condição nuclear do ordenamento jurídico, essa mesma ordem constitucional assenta a proteção expressa de outros valores como a livre-iniciativa e a livre concorrência. Não obstante tais valores necessitem atender também a suas funções sociais, não constituindo fins em si mesmos, impõe-se uma garantia de liberdade da organização da atividade econômica, mediante a seleção do modelo de negócios que parecer mais eficiente às finalidades buscadas pelo exercício da empresa. É clarividente que esse modelo de negócios e essas finalidades devem se mostrar compatíveis com o ordenamento jurídico e com os valores constitucionais. Apesar de ser uma ilustração extrema, não se pode admitir um modelo de negócio estruturado sobre o trabalho escravo ou que não assegure condições dignas para o exercício das tarefas do trabalhador. Entretanto, dentro da moldura juridicamente admitida, deve-se resguardar o espaço de liberdade de organização da atividade empresarial e da definição do modelo de negócios, que prosperarão ou não conforme sua eficiência e sua aceitabilidade social e econômica.

Note-se que, ao se facultar a possibilidade de terceirização de atividades-meio e de atividades-fim, não se está a obrigar a adoção de tal prática, mas está-se a definir os contornos e os limites jurídicos em que se admite a sua realização. Igualmente, a emergência de um ato legislativo que possibilite essa prática não está, necessariamente, sobrepondo os interesses do capital financeiro privado à proteção da dignidade do trabalhador, mas oferecendo regulação jurídica prévia, própria e específica a um fenômeno que inicialmente surge na sociedade, antes mesmo que a ele se dedicassem as normas jurídicas.

Com efeito, a possibilidade de flexibilização de regras protetivas não é sinônimo de prejuízo necessário ao trabalhador. A prevalecer a premissa de que, em lugares em que as regras estatais são menos protetivas, as condições de trabalho e os direitos dos trabalhadores são piores, não teríamos como explicar o amazônico movimento migratório para os Estados Unidos da América em busca de melhores oportunidades.

A superproteção trabalhista, quando excessiva, pode levar a cenários em que se elevam os custos de produção, inviabilizando a sua própria existência, de modo a causar, em última instância, prejuízo aos trabalhadores pelo crescimento da taxa de desemprego, por exemplo. Sobretudo em momentos de crise econômica, cujos efeitos atingem não só os trabalhadores, mas também diversos agentes sociais, há de se buscar um ponto de equilíbrio, pelo qual se resguarde a proteção constitucional da dignidade do trabalhador, sem que se furtem possibilidades de organização da atividade econômica compatíveis com o ordenamento jurídico.[89]

---

[89] Sobre esse necessário equilíbrio e de modo específico quanto aos custos de produção e os direitos trabalhistas, Andréa Magalhães adverte: "Deve-se considerar o aspecto bivalente de cada alternativa, dado que a crise se faz notar sobre todos os agentes envolvidos. Por essa razão, direitos trabalhistas representam altos benefícios para os trabalhadores, mas altos custos para o pequeno empresário, que sob risco de falência, pode aumentar a taxa de desemprego. Da mesma forma, a flexibilização dos direitos trabalhistas representa grande benefício para o empresariado, mas pode comprometer a sobrevivência de família, levado ao extremo". *Ibidem*, p. 245.

Ademais, apesar de não se poder afastar a proteção dos direitos fundamentais em tempos de crise – sobressaindo justamente nesses períodos a importância maior de sua reafirmação –, não se pode impedir, de modo absoluto, a modificação de seu tratamento legislativo, desde que reste respeitado o *núcleo essencial* dos direitos e garantias individuais e sociais. Não se chega a falar em uma redefinição do núcleo essencial da proteção jurídica das relações de trabalho, em que se procede a uma adequação das normas à realidade de escassez,[90] mas na possibilidade de modificação de aspectos que, apesar de integrarem seu conteúdo jurídico, não correspondem à sua expressão mais central, sem a qual tal direito não seria reconhecido. À luz dessas noções, entende-se que a possibilidade de terceirização, inclusive das atividades-fim de uma atuação econômica, não atinge o núcleo essencial da proteção das relações de trabalho ou da dimensão trabalhista da dignidade da pessoa humana.

Em todo caso, parecem ser dois os aspectos principais que marcam, de forma indelével, a terceirização: (i) a tensão entre o regime de emprego amplamente protegido e as formas mais flexíveis de contratação, e (ii) a desvinculação jurídica, e, por conseguinte, a ausência de subordinação entre aquele que realiza a atividade e o tomador de serviço. A existência de diferenças jurídicas marcantes entre o regime clássico de emprego e o proporcionado pela terceirização não pode estimular uma demonização deste último instituto. Por outro lado, a terceirização não pode ser vulgarizada, de modo a afastar o regime de emprego em circunstâncias que o impõem, tal como quando efetivamente existir uma relação de subordinação entre aquele que toma o serviço e o responsável pela sua execução.

Nessa altura, assentada a sua admissibilidade constitucional no sistema brasileiro, convém destacar que esses fenômenos também se repetem à luz do direito comparado, do qual exsurgem importantes aspectos a serem considerados no próximo capítulo.

---

[90] *Ibidem*, p. 70.

CAPÍTULO 4

A TERCEIRIZAÇÃO COMO PRÁTICA MUNDIAL: O FENÔMENO NO DIREITO COMPARADO E NA ORDEM JURÍDICA INTERNACIONAL

Como já assentado desde o início, em um contexto de expansão da busca por eficiência, redução de custos e a superação do modelo *fordista* de produção, surge, em um primeiro momento, a prática de descentralização do processo produtivo e, posteriormente, da própria mão de obra (terceirização). Como se pode imaginar, esses efeitos não se restringem ao cenário brasileiro, especialmente no âmbito de uma sociedade mundial intensamente interligada e globalizada. Assim é que, no mote condutor de apresentar contribuições do Direito Público à discussão do fenômeno da terceirização, parece importante identificar a sua existência em outros países de tradição constitucional semelhante à brasileira, bem como em que termos tais ordenamentos jurídicos admitem, ou não, a terceirização.

Na Espanha, por exemplo, também há, como no Brasil, tratamento constitucional dos direitos sociais trabalhistas. A Constituição Espanhola de 1978 assegura os direitos sociais dos trabalhadores em cláusula geral (artigo 42), prevendo, expressamente, o direito de greve e de associação sindical (artigo 28); o direito à negociação coletiva (artigo 37, 1); o dever de que se estabeleçam meios que facilitem o acesso dos trabalhadores à propriedade e aos meios de produção (artigo 129, 2); o direito ao trabalho, à promoção por meio deste e a "uma remuneração suficiente para satisfazer suas necessidades e as de sua família" (artigo 35, 1),[91] prevendo a existência de lei que regule o estatuto dos trabalhadores.

No âmbito infraconstitucional do ordenamento jurídico espanhol, o *Estatuto dos Trabalhadores* ("Estatuto de los Trabajadores", *Ley nº 8/1980, de 10 de marzo*) também consagra a ideia da subordinação e alienação dos meios e resultados produtivos (lá tratada sob os conceitos de *dependencia* e *ajenidad*) como elementos caracterizadores da relação de emprego. A referida lei prevê, em seu artigo primeiro, que tal Estatuto "será de aplicação aos trabalhadores que voluntariamente prestem seus serviços retribuídos por conta alheia e dentro do âmbito de organização e direção de outra pessoa física ou jurídica denominada empregador ou empresário".[92]

Apesar de esse mesmo Estatuto prever as hipóteses e as condições em que se permite a subcontratação de obras ou serviços (artigo 42), há diversos precedentes do *Tribunal Supremo* espanhol em que, analisando os requisitos da *dependencia* e da *ajenidad* para a existência de relação laboral, são fixados indícios de sua caracterização. A propósito, cita-se trecho do que foi decidido no Recurso nº 3.205/2012, julgado em 19.02.2014:

> Finalmente, não parece demais assinar que *os indícios comuns mais habituais de subordinação na jurisprudência são seguramente a assistência ao centro de trabalho do empregador ou ao lugar de trabalho designado por este e a submissão a horário; e que também se utilizam como fatos indiciário de subordinação, entre outros, o desempenho pessoal de trabalho, compatível em determinados serviços com um regime excepcional de suplências ou substituições; a inserção do trabalhador na organização do trabalho do empregador ou empresário, que se responsabiliza pela programação de sua atividade; e, ao contrário do anterior, a ausência de organização empresarial própria do trabalhador. E que são indícios de alienação, entre outros, a entrega ou posta à disposição do empresário por parte do trabalhador dos produtos elaborados ou dos serviços realizados; a adoção por parte do empresário e não do trabalhador das decisões concernentes às relações de mercado ou das relações com o público*, como fixação de preços ou tarifas, seleção de clientela, indicação de pessoas a atender, o caráter fixo ou periódico da remuneração do

---

[91] Tradução livre de: *"a una remuneración suficiente para satisfacer sus necesidades y las de su familia"*.

[92] Tradução livre de: "será de aplicación a los trabajadores que voluntariamente presten sus servicios retribuidos por cuenta ajena y dentro del ámbito de organización y dirección de otra persona, física o jurídica, denomínada empleador o empresario".

trabalho; e o cálculo da retribuição dos principais conceitos da mesma com vinculação a um critério que guarde uma certa proporção com a atividade prestada, sem o risco e sem o lucro especial que caracterizam a atividade do empresário ou o exercício livre das profissões.[93]

Também da França são obtidas considerações ilustrativas do vínculo jurídico inicial, mas não necessário, que associe o trabalhador àquele que se beneficia diretamente dos frutos de seu trabalho. Do ponto de vista constitucional, a Constituição Francesa de 1948 não confere tratamento minucioso aos direitos trabalhistas, apenas prevendo a necessidade de lei que estabeleça os princípios fundamentais do direito do trabalho (artigo 34: "La loi fixe également les règles concernant: [...] du droit du travail, du droit syndical et de la sécurité sociale").

Apesar de o *Code du Travail* francês estabelecer minudente disposição sobre diversos aspectos das relações de trabalho, especificamente quanto à subordinação, também da jurisprudência da Corte de cassação (*Cour de cassation*) sobressaem aspectos alusivos à relevância da subordinação (lá denominada de *subordination*) para a caracterização de vínculo empregatício direto.[94] Com efeito, cumpre transcrever as lições de Jean Pélissier, Alain Supiot e de Antoine Jeammaud (professores nas Universidades de Tolouse, de

---

[93] Recurso nº 3.205/2012, grifou-se, tradução livre de: "Finalmente no parece de más señalar que los indicios comunes de dependencia más habituales en la doctrina jurisprudencial son seguramente la asistencia al centro de trabajo del empleador o al lugar de trabajo designado por éste y el sometimiento a horario; y que también se utilizan como hechos indiciarios de dependencia, entre otros, el desempeño personal del trabajo, compatible en determinados servicios con un régimen excepcional de suplencias o sustituciones; la inserción del trabajador en la organización de trabajo del empleador o empresario, que se encarga de programar su actividad; y, reverso del anterior, la ausencia de organización empresarial propia del trabajador». Y que son indicios comunes de la nota de ajenidad, entre otros, la entrega o puesta a disposición del empresario por parte del trabajador de los productos elaborados o de los servicios realizados; la adopción por parte del empresario y no del trabajador de las decisiones concernientes a las relaciones de mercado o de las relaciones con el público, como fijación de precios o tarifas, selección de clientela, indicación de personas a atender; el carácter fijo o periódico de la remuneración del trabajo; y el cálculo de la retribución o de los principales conceptos de la misma con arreglo a un criterio que guarde una cierta proporción con la actividad prestada, sin el riesgo y sin el lucro especial que caracterizan a la actividad del empresario o al ejercicio libre de las profesiones".

[94] *Arrêt nº 1769 FS-P+B*, de 8/10/2014; *Arrêt nº 1607 FS – P+B*, de 29/09/2014; *Arrêt nº 1298 FS-P+B*, de 2/07/2014; *Arrêt nº 751 FS-P+B*, de 8/04/2014; e, a *contrario sensu*, *Arrêt nº 127 FS-P+B*, de 21/01/2014

Nantes e de Lyon 2, respectivamente), sobre a posição da *Cour de cassation* quanto ao tema:

> A Corte de cassação teve que admitir que as sujeições periféricas (de lugar, de horários, obrigação de prestar contas etc.), afetas à prestação de trabalho de um profissional autônomo na dimensão técnica de sua atividade (médico ou outro profissional de saúde, em virtude de regras de deontologia, artista ou atleta profissional), *bastam a constituir um liame de subordinação*. *Ela considerou que esse liame se encontra caracterizado, desde que a prestação de trabalho seja realizada 'no quadro de um serviço organizado' pelo contratante beneficiário dessa prestação.*[95]

Na Alemanha, por sua vez, os critérios estabelecidos para o reconhecimento do vínculo empregatício também não destoam do padrão até aqui delineado. Com efeito, em publicação dos relatórios nacionais do XV Encontro dos Juízes de Tribunais Trabalhistas Europeus (2007), Mario Eylert, juiz do Tribunal Federal do Trabalho alemão (*Bundesarbeitsgericht*), relata que, naquele país, a terceirização (*Auslagerung*), apesar de não ser um conceito legalmente definido, é tratada como uma "delegação de operações não nucleares da produção interna, tarefas e funções para uma entidade externa (fornecedor, beneficiário) especializada na gestão daquela operação", pela qual "o processo produtivo pode ser racionalizado e enfocado no 'core business' – '*faça o que você faz de melhor, terceirize o resto*'".[96]

---

[95] PÉLISSIER, Jean; SUPIOT, Alain; JEAMMAUD, Antoine. *Droit du travail*. 21. éd. Paris: Dalloz, 2002, p. 190-197, grifou-se. Tradução livre de: "La Cour de cassation devait admettre que des sujétions périphériques (de lieu, d'horaires, obligation de rendre compte, etc.), affectant la prestation de travail d'un professionel autonome dans la dimension technique son activité (médicin ou autre professionnel de santé, en vertu des règles de deontologie, artist, sportif professionel), suffisaient à constituer un lien de subordination. Elle allait considérer que ce lien se trouvant caractérise dès lorsque que la prestation de travail était fournie 'dans le cadre d'un servisse organisé' par le cocontractant bénéficiaire de cette prestation".

[96] EYLERT, Mario. *National reports on Outsourcing, Germany*, XVth Meeting of European Labour Court Judges, 3-4 september 2007, p. 11, Disponível em: <http://www.ilo.org/wcmsp5/groups/public/@ed_dialogue/@dialogue/documents/meetingdocument/wcms_159885.pdf>. Acesso em: set. 2017. Tradução livre de "it refers to the delegation of non-core operations from internal production, tasks and functions to an external entity (supplier, recipient) specializing in the management of that operation" e de "Through outsourcing, the working process can be rationalized and focused on the 'core business' – 'do what you can do best – outsource the rest'".

Nota-se que, também na Alemanha, a relação de *dependência* (*Abhängigkeit*) mostra-se essencial à demarcação do vínculo de emprego. No dizer de Hansjörg Otto, "empregado é quem, com fundamento num contrato de direito privado, obriga-se à prestação de serviços em dependência pessoal".[97] De modo semelhante, ao analisar o vínculo de emprego na jurisprudência alemã, Bernd Rüthers afirma que "a jurisprudência do Tribunal Superior [do Trabalho] assenta a relação de emprego numa dependência pessoal típica; esta decorre primordialmente do âmbito da vinculação a diretivas".[98]

No âmbito do Direito Internacional, também há uma permanente preocupação com a proteção social dos trabalhadores. Com efeito, desde a criação da Organização Internacional do Trabalho – OIT em 1919, surgiram diversas declarações, convenções e outros documentos internacionais voltados à proteção do trabalho humano, entre as quais se destacam a própria Constituição da OIT e sua anexa Declaração referente aos Fins e Objetivos da Organização Internacional do Trabalho (*Declaração da Filadélfia* de 1944); a Declaração da OIT sobre os Princípios e Direitos Fundamentais no Trabalho (1988) e a Agenda do Trabalho Decente (conceito instituído inicialmente em 1999).

A Declaração da Filadélfia (1944), por exemplo, baseou-se em quatro princípios estruturantes, todos eles voltados à proteção do trabalhador no Direito Internacional do Trabalho, assentando: (i) a ideia de que o trabalho não é uma mercadoria; (ii) a importância da liberdade de expressão e associação do trabalhador; (iii) a necessidade de que a regulação das relações de trabalho seja realizada como forma de garantir a cidadania, e (iv) a essencialidade do debate democrático para assegurar um acordo de direitos justo para ambas as partes envolvidas na relação de trabalho (empregador e empregado).

---

[97] OTTO, Hansjörg. *Arbeitsrecht*. p. 38, n. 69. Tradução livre de: "Arbeitnehmer ist, wer auf Grund privatrechtlicher Vertrages zur Leistung von Diensten in persönlichen Abhängigkeit verpflichtet ist".
[98] RÜTHERS, Bernd. *Arbeitsrecht*. Stuttgart: W. Kohlhammer Verlag, 2007, p. 15, nº 50. Tradução livre de: "Die höchstrichterliche Rspr. stellt für das Arbeitsverhältnis auf eine typische persönliche Abhängigkeit ab, diese ergibt sich in erster Linie aus dem Umfang der Weisungsgebundenheit".

Por sua vez, a mencionada Declaração da OIT de 1998, em linha semelhante ao que também fixa a Agenda do Trabalho Decente, estabelece:

> o ponto de convergência dos quatro objetivos estratégicos da OIT: o respeito aos direitos no trabalho, em especial aqueles definidos como fundamentais pela Declaração Relativa aos Direitos e Princípios Fundamentais no Trabalho e seu seguimento adotada em 1998: (i) liberdade sindical e reconhecimento efetivo do direito de negociação coletiva; (ii) eliminação de todas as formas de trabalho forçado; (iii) abolição efetiva do trabalho infantil; (iv) eliminação de todas as formas de discriminação em matéria de emprego e ocupação), a promoção do emprego produtivo e de qualidade, a extensão da proteção social e o fortalecimento do diálogo social.[99]

Mais recentemente, muito ilustrativa é a Recomendação nº 198/2006 da OIT, que, dispondo especificamente sobre a proteção da relação de trabalho, considerou:

> "que a legislação e sua interpretação deveriam ser compatíveis com os objetivos do trabalho decente"; "que a proteção dos trabalhadores constitui a essência do mandato da Organização Internacional do Trabalho, e em conformidade com os princípios estabelecidos na Declaração da OIT relativas aos Direitos e Princípios Fundamentais no Trabalho, 1998, e a Agenda do Trabalho Decente"; "que a globalização da economia incrementou a mobilização dos trabalhadores que necessitam de proteção"; que "é importante estabelecer quem é considerado como trabalhador em uma relação de trabalho, quais direitos este trabalhador possui, e quem é o empregador"; "que as dificuldades em determinar a existência de uma relação de trabalho podem criar graves problemas aos trabalhadores interessados, aos que estão em seu entorno e à sociedade em geral"; "que a incerteza acerca da existência de uma relação de trabalho tem que se resolver de modo a se garantir [...] a proteção efetiva dos trabalhadores vinculados a uma relação de trabalho de uma maneira conforme com a legislação ou a práticas nacionais".

Esta Recomendação tem seu conteúdo estruturalmente dividido em três partes principais: o estabelecimento, pelos países, de uma política nacional de proteção dos trabalhadores

---

[99] Disponível em: <http://www.oitbrasil.org.br/content/o-que-e-trabalho-decente>. Acesso em: set. 2017.

vinculados por uma relação de trabalho; a determinação da existência de uma relação de trabalho, e o estabelecimento de mecanismos de sua própria observância e aplicação. Especificamente na segunda parte, este documento de direito internacional indica alguns parâmetros específicos que permitam determinar a existência de uma relação de trabalho. Com efeito, observe-se o item 13 da Recomendação nº 198/2006 da OIT:

> 13. *Os Membros deveriam considerar a possibilidade de definir em sua legislação, ou por outros meios, indícios específicos que permitam determinar a existência de uma relação de trabalho. Entre esses indícios poderiam figurar os seguintes*:
> (a) *o fato de que o trabalho: se realiza segundo as instruções e sob o controle de outra pessoa; que o mesmo implica a integração do trabalhador na organização da empresa; que é efetuado única ou principalmente em benefício de outra pessoa; que deve ser executado pessoalmente pelo trabalhador, dentro de um horário determinado, ou no lugar indicado ou aceitado por quem solicita o trabalho; que o trabalho é de certa duração e tem certa continuidade, ou requer a disponibilidade do trabalhador,* que implica o fornecimento de ferramentas, materiais e maquinários por parte da pessoa que requer o trabalho; e
> (b) o fato de que se paga uma remuneração periódica ao trabalhador; que tal remuneração constitui a única ou a principal fonte de recursos do trabalhador; de que inclui pagamentos em espécie tais como alimentação, moradia, transporte ou outros; de que se reconhecem direitos como o descanso semanal e as férias anuais; de que a parte que solicita o trabalho paga as viagens que o trabalhador tiver que realizar para a execução de seu trabalho; o fato de que não existem riscos financeiros para o trabalhador.[100]

---

[100] Grifos nossos, tradução livre de: "13. Los Miembros deberían considerar la posibilidad de definir en su legislación, o por otros medios, indicios específicos que permitan determinar la existencia de una relación de trabajo. Entre esos indicios podrían figurar los siguientes: (a) el hecho de que el trabajo: se realiza según las instrucciones y bajo el control de otra persona; que el mismo implica la integración del trabajador en la organización de la empresa; que es efectuado única o principalmente en beneficio de otra persona; que debe ser ejecutado personalmente por el trabajador, dentro de un horario determinado, o en el lugar indicado o aceptado por quien solicita el trabajo; que el trabajo es de cierta duración y tiene cierta continuidad, o requiere la disponibilidad del trabajador, que implica el suministro de herramientas, materiales y maquinarias por parte de la persona que requiere el trabajo, y (b) el hecho de que se paga una remuneración periódica al trabajador; de que dicha remuneración constituye la única o la principal fuente de ingresos del trabajador; de que incluye pagos en especie tales como alimentación, vivienda, transporte, u otros; de que se reconocen derechos como el descanso semanal y las vacaciones anuales; de que la parte que solicita el trabajo paga los viajes que ha de emprender el trabajador para ejecutar su trabajo; el hecho de que no existen riesgos financieros para el trabajador".

Não se desconhece que as Recomendações da OIT não possuem efeitos vinculativos diretos, constituindo, no Direito Internacional, mecanismos de *soft law*. Não obstante, trata-se de um documento internacional que reflete valores da comunidade internacional sobre as relações de trabalho, exercendo influência na criação de atos normativos internos pelos países-membros, bem como no momento de sua interpretação.

Nesse sentido, destaca-se que também as Recomendações são atos submetidos ao crivo das autoridades competentes nacionais, apesar de não se falar, quanto a essas normas internacionais, no procedimento de ratificação ou internalização, até mesmo porque dependeriam de atos legislativos próprios de cada país. Com efeito, destaca-se a natureza jurídica das recomendações, bem como seus procedimentos, à luz do art. 19.6 da Constituição da OIT, que assim dispõe:

> 6. Em se tratando de uma recomendação:
> a) será dado conhecimento da recomendação a todos os Estados-Membros, a fim de que estes a considerem, atendendo à sua efetivação por meio de lei nacional ou por outra qualquer forma;
> b) cada um dos Estados-Membros compromete-se a submeter, dentro do prazo de um ano a partir do encerramento da sessão da Conferência (ou, quando, em razão de circunstâncias excepcionais, tal não for possível, logo que o seja, sem nunca exceder o prazo de 18 meses após o referido encerramento), a recomendação à autoridade ou autoridades em cuja competência entre a matéria, a fim de que estas a transformem em lei ou tomem medidas de outra natureza;
> c) os Estados-Membros darão conhecimento ao Diretor-Geral da Repartição Internacional do Trabalho das medidas tomadas, em virtude do presente, competentes, comunicando-lhe, também as decisões que estas houverem tomado;
> d) além da obrigação de submeter a recomendação à autoridade ou autoridades competentes artigo, para submeter a recomendação à autoridade ou autoridades, o Membro só terá a de informar o Diretor-Geral da Repartição Internacional do Trabalho – nas épocas que o Conselho de Administração julgar convenientes – sobre a sua legislação e prática observada relativamente ao assunto de que trata a recomendação. Deverá também precisar nestas informações até que ponto aplicou ou pretende aplicar dispositivos da recomendação, e indicar as modificações destes dispositivos que sejam ou venham a ser necessárias para adotá-los ou aplicá-los.

Com efeito, o que essa breve análise desses elementos de direito comparado e do Direito Internacional parecem revelar é um reforço à compreensão do domínio normativo da *relação de emprego*, cuja proteção foi erigida pelo sistema constitucional brasileiro, a ser observada pelo ordenamento jurídico em geral, especialmente em relação às práticas de terceirização. Nessa esteira, aspectos como a subordinação ou direção das atividades pelo tomador de serviço; a alienação do trabalhador em relação aos meios de produção e quanto aos resultados de seu trabalho; a indicada integração do trabalhador ao processo produtivo final de uma atividade econômica à qual se dedique o empregador, entre outros, indicam conclusões semelhantes às que aqui se tem afirmado.

Tais conclusões, além de derivarem da interpretação sistemática da proteção constitucional ao emprego, exsurgem, também, no contexto internacional e procedem da própria definição, pela doutrina pátria e estrangeira, da *terceirização* como prática adotada para o fim de que a atividade produtiva de uma empresa ou organização esteja focada em seu negócio sem que haja precarização da mão de obra. É que a análise do domínio normativo da relação de emprego e das relações de trabalho em geral deve também assentar, ao lado da proteção da dignidade do trabalhador, aspectos como a livre-iniciativa, a livre concorrência, a busca do desenvolvimento econômico e social, a pluralidade dos intérpretes constitucionais, a possibilidade de que também no âmbito legislativo sejam solucionados conflitos entre valores igualmente constitucionais; todos esses aspectos teóricos explorados na presente obra, na busca de contribuições do Direito Público ao debate da possibilidade e dos limites da terceirização. Nesse contexto e sob essas premissas, buscar-se-á, na sequência, identificar a evolução do tratamento normativo atribuído à terceirização no Brasil, processo que culminou nas recentes Leis nºs 13.429/2017 e 13.467/2017.

CAPÍTULO 5

A EVOLUÇÃO NORMATIVA DA TERCEIRIZAÇÃO NO BRASIL

No Direito brasileiro, a terceirização é fenômeno normativo relativamente recente. Foi a partir da década de 1970 que tal elemento passou a ser identificável com clareza e distinção por nossa legislação, passando a receber sucessivos tratamentos legislativos mais diretos. Inicialmente, no âmbito da CLT (Decreto-Lei nº 5.456/1943), principal texto normativo geral sobre as relações trabalhistas no Brasil, não se encontra disposição específica sobre o tema, identificando-se, tão somente, o tratamento de duas figuras de subcontratação de mão de obra: a subempreitada e a empreitada (art. 455), prevendo-se a responsabilidade do subempreiteiro pelas obrigações derivadas do contrato de trabalho que celebrar, cabendo aos empregados o direito de reclamação contra o empreiteiro principal, assegurada a este a ação regressiva contra o subempreiteiro, bem como a retenção de importâncias a este devidas para a garantia dessas obrigações.

Mais recentemente, o contrato de empreitada de obra foi disciplinado pelo Código Civil (Lei nº 10.406/2002, arts. 610 a 626), caracterizando-se como aquele:

> em que uma das partes (o empreiteiro), mediante remuneração a ser paga pelo outro contraente (o dono da obra), obriga-se a realizar determinada obra, pessoalmente ou por meio de terceiros, de acordo com as instruções deste e sem relação de subordinação.[101]

---

[101] GONÇALVES, Carlos Roberto. *Direito civil brasileiro*: contratos e atos unilaterais. v. 3. São Paulo: Saraiva, 2016.

Destaca-se que, nesse tipo contratual, "não há direção do trabalho do pessoal do empreiteiro ou subempreiteiro pelo contratante", já que o objeto da contratação "não é o modo como o trabalho é prestado, a atividade" em si, mas "o produto da atividade, o resultado, não podendo o contratante dirigir ou subordinar o pessoal contratado".[102]

Foi a partir do final da década de 1960, porém, que se tornou possível uma mais nítida identificação de alguns diplomas normativos esparsos que especificamente abordaram o fenômeno da terceirização, desafiando a hegemonia da clássica conformação jurídica e social da relação empregatícia bilateral. Entre os mais relevantes, o primeiro diploma a regulamentar o tema foi o Decreto-Lei nº 200/1967, que, dispondo sobre a organização da Administração Pública Federal, estabeleceu diretrizes para a então empreendida Reforma Administrativa. Em seu art. 10, §7º, há previsão de que:

> Para melhor desincumbir-se das tarefas de planejamento, coordenação, supervisão e contrôle e com o objetivo de impedir o crescimento desmesurado da máquina administrativa, a Administração procurará desobrigar-se da realização material de tarefas executivas, recorrendo, sempre que possível, à execução indireta, mediante contrato, desde que exista, na área, iniciativa privada suficientemente desenvolvida e capacitada a desempenhar os encargos de execução.

De forma semelhante, o parágrafo seguinte do mesmo dispositivo predica que: "A aplicação desse critério está condicionada, em qualquer caso, aos ditames do interesse público e às conveniências da segurança nacional".

Como se nota, o citado texto normativo parecia induzir que a Administração Pública se desincumbisse da realização de determinadas tarefas, possibilitando, inclusive, que se recorresse, sempre que possível, à *execução indireta*, por meio da contratação de empresas especializadas na prestação de determinadas atividades, isto é, mediante *terceirização*. Entretanto, como bem lembra Maurício Godinho Delgado, "a dúvida que se mantinha situava-se quanto à extensão da terceirização autorizada na Administração Pública, isto

---

[102] NASCIMENTO, Amauri Mascaro. *Curso de direito do trabalho*: história e teoria geral do direito do trabalho: relações individuais e coletivas do trabalho. São Paulo: Saraiva, 2016, p. 634.

é, o grupo de tarefas, atividades e funções que poderiam ser objeto de procedimento terceirizante".[103]

Nesse sentido, fez-se importante a superveniência da Lei nº 5.645/1970, que estabeleceu diretrizes mais claras para a classificação de cargos do Serviço Civil da União e das autarquias federais, dedicando-se a exemplificar algumas das "tarefas executivas" a que se referia o Decreto-Lei nº 200/1967. Com efeito, o parágrafo único do art. 3º daquela Lei previa que:

> as atividades relacionadas com transporte, conservação, custódia, operação de elevadores, limpeza e outras assemelhadas serão, de preferência, objeto de execução indireta, mediante contrato, de acôrdo com o artigo 10, §7º, do Decreto-Lei nº 200, de 25 de fevereiro de 1967 (esse dispositivo foi posteriormente revogado pela Lei nº 9.527/1997).

Como se nota, sobretudo pelo uso da expressão "e outras assemelhadas", tratava-se de rol exemplificativo (*numerus apertus*), mas que, em virtude das atividades listadas, sinalizava um importante viés de interpretação autêntica, isto é, conferida pelo próprio legislador: as atividades cuja execução indireta se dizia preferível diziam respeito a atividades instrumentais e de apoio (*rectius*: atividades-meio), isto é, aquelas que não se referiam especificamente à realização de atividades ínsitas à função estatal ou ao escopo de cada uma das entidades e órgãos públicos. Não se olvide que todas essas disposições ainda se dão no âmbito da organização da Administração Pública, não se tratando de normas direcionadas ao setor privado.

Ainda no âmbito do setor público, destaque-se igualmente o Decreto nº 2.271/1997. Dispondo sobre a contratação de serviços pela Administração Pública Federal direta, autárquica e fundacional, vedou-se expressamente a inclusão de disposições nos instrumentos contratuais que permitam a subordinação à administração contratante dos empregados que indiretamente executem as atividades materiais acessórias, instrumentais ou complementares de sua atuação. Com efeito, observem-se os seguintes dispositivos do mencionado ato normativo:

---

[103] DELGADO, Maurício Godinho. *Curso de direito do trabalho*. São Paulo: LTr, 2015, p. 477.

Art. 1º No âmbito da Administração Pública Federal direta, autárquica e fundacional *poderão ser objeto de execução indireta as atividades materiais acessórias, instrumentais ou complementares aos assuntos que constituem área de competência legal do órgão ou entidade.*
§1º As *atividades de conservação, limpeza, segurança, vigilância, transportes, informática, copeiragem, recepção, reprografia, telecomunicações e manutenção de prédios, equipamentos e instalações* serão, de preferência, objeto de execução indireta.
§2º Não poderão ser objeto de execução indireta as atividades inerentes às categorias funcionais abrangidas pelo plano de cargos do órgão ou entidade, salvo expressa disposição legal em contrário ou quando se tratar de cargo extinto, total ou parcialmente, no âmbito do quadro geral de pessoal. [...]
Art. 4º *É vedada a inclusão de disposições nos instrumentos contratuais que permitam*:
I – indexação de preços por índices gerais, setoriais ou que reflitam a variação de custos;
II – caracterização exclusiva do objeto como fornecimento de mão-de-obra;
III – previsão de reembolso de salários pela contratante;
IV – *subordinação dos empregados da contratada à administração da contratante*; (grifou-se)

Reitera-se, uma vez mais, a limitação legal da execução indireta, via intermediação de mão de obra, às atividades-meio, que não constituam a área central de atuação das entidades e órgãos públicos ("atividades materiais acessórias, instrumentais ou complementares aos assuntos que constituem área de competência legal do órgão ou entidade"). Há, ainda, no §1º acima transcrito, novas exemplificações interpretativas de quais são as prestações materiais passíveis de enquadramento em tal categoria, como as relativas à "conservação, limpeza, segurança, vigilância, transportes, informática, copeiragem, recepção, reprografia, telecomunicações e manutenção de prédios, equipamentos e instalações". Tem-se, ademais, no §2º um caso de vedação legal expressa à terceirização de atividades-fim de determinada entidade ou órgão público, relativas "às categorias funcionais abrangidas pelo plano de cargos do órgão ou entidade".

Desse modo, decorre da leitura conjunta dos dispositivos que a autorização legal à terceirização no âmbito da Administração Pública limitava-se às atividades-meio de sua atuação, isto é, a atividades instrumentais e não finalísticas, tais como as de limpeza, vigilância, conservação e outras assemelhadas.[104]

Essa normatização, entretanto, limitava-se ao tratamento da questão no âmbito estatal, isto é, naquilo que se referia à Administração Pública, direta e indireta. Essa conclusão é, também, destacada por outros autores especializados no tema:

> Afora as antigas referências celetistas sobre empreitada e subempreitada (arts. 455 e 652, "a", III, da CLT), os primeiros diplomas a tratarem especificamente do fenômeno que seria, em seguida, chamado de *terceirização* dizem respeito, como visto, ao segmento estatal do mercado de trabalho. Efetivamente, no âmbito da Administração Pública, criaram-se alguns mecanismos jurídicos propiciadores da denominada *descentralização administrativa*, através da contratação de serviços de apoio, instrumentais, meramente de execução. Esse o sentido de diplomas legais como o Dec.-Lei nº 200/1967 (art. 10) e a Lei nº 5.645/1970.[105]

Desse modo, dando sequência à evolução das regras legais sobre terceirização, em especial sobre sua aplicabilidade ao setor privado, temos como marcos normativos relevantes a Lei nº 6.019/1974 e a Lei nº 7.102/1983.

A primeira dessas duas leis destinou-se a regular o trabalho temporário, definido como "aquele prestado por pessoa física a uma empresa, para atender à necessidade transitória de substituição de seu pessoal regular e permanente ou a acréscimo extraordinário de serviços" (art. 2º da Lei nº 6.019/1974). Criou-se uma modalidade trilateral de relação trabalhista, com elementos que, *mutatis mutandis*, repetem-se nas demais situações de terceirização: *a)* a empresa de trabalho temporário ("a pessoa física ou jurídica urbana, cuja atividade consiste em colocar à disposição de outras empresas, temporariamente, trabalhadores, devidamente qualificados, por elas remunerados e assistidos", nos termos do art. 4º); *b)* o trabalhador temporário, e *c)* a empresa tomadora dos serviços temporários.

---

[104] Outros aspectos mais específicos relacionados à terceirização no âmbito da Administração Pública serão detidamente abordados em capítulo próprio desta obra (Capítulo 7).
[105] DELGADO, Maurício Godinho. *Curso de direito do trabalho*. São Paulo: LTr, 2015, p. 476-477.

Em tal modalidade, o vínculo jurídico do trabalhador – que não deixa de ser empregatício – se forma com a sociedade empresária de trabalho temporário, embora seus serviços sejam efetivamente prestados a outra organização, aspecto que a diferencia da contratação de trabalhador por prazo determinado, que se dá diretamente pela empresa tomadora (arts. 443 e 445 da CLT). Entretanto, observe-se que tal modalidade de contratação surge em um contexto legalmente estipulado, de modo temporário e em face de situações excepcionais típicas e bastante restritas: *a)* necessidade transitória de substituição de pessoal regular e permanente da empresa tomada, ou *b)* necessidade resultante de acréscimo extraordinário de serviços da empresa tomadora (art. 2º da Lei nº 6.019/1974).

Nesse sentido, a figura do trabalho temporário diferencia-se da terceirização propriamente dita (por tempo indeterminado), em que a prestação dos serviços pelo empregado também se dá para empresa diversa daquela com a qual possui vínculo jurídico formal, mas por período indeterminado e, por vezes, incluindo o trabalhador no processo produtivo final de sua atividade econômica. Ademais, conforme a redação original da Lei nº 6.019/74 (que foi recentemente alterada pela Lei nº 13.429/2017), o regime de contratação de trabalhador temporário dava-se pela estipulação legal de requisitos formais mais rígidos, hipóteses de pactuação excepcionais e transitórias, período máximo de três meses (ainda que excepcionalmente se admita sua prorrogação, nos termos do art. 10 da Lei nº 6.019/1974), além de outras formalidades como a necessidade de contrato escrito (art. 11 da Lei nº 6.019/1974) e a expressa previsão do motivo justificador do trabalho temporário; admitindo-se, inclusive, a possibilidade expressa de contratação do trabalhador pela empresa tomadora ao fim do prazo em que tenha sido colocado à sua disposição pela empresa de trabalho temporário, sendo nula de pleno direito qualquer cláusula que vede tal possibilidade (art. 11, parágrafo único, da Lei nº 6.019/1974). Com efeito, sob a vigência da redação original do texto legal, afirmava-se que "excedido esse prazo trimestral, considerar-se-á desqualificada a relação excetiva de trabalho temporário, formando-se o vínculo empregatício clássico com o tomador".[106]

---

[106] DELGADO, Maurício Godinho. *Curso de direito do trabalho*. São Paulo: LTr, 2015, p. 502.

O segundo marco (Lei nº 7.102/1983) erigiu-se em ato normativo que dispõe sobre os serviços de segurança para estabelecimentos financeiros e estabelece normas para constituição e funcionamento das empresas particulares que exploram serviços de vigilância e de transporte de valores. Esse ato normativo, objeto de sucessivas alterações redacionais, tem, em seu texto hoje vigente, as seguintes disposições:

> Art. 3º A vigilância ostensiva e o transporte de valores serão executados: (Redação dada pela Lei nº 9.017, de 1995)
> I – por empresa especializada contratada; ou (Redação dada pela Lei nº 9.017, de 1995)
> II – pelo próprio estabelecimento financeiro, desde que organizado e preparado para tal fim, com pessoal próprio, aprovado em curso de formação de vigilante autorizado pelo Ministério da Justiça e cujo sistema de segurança tenha parecer favorável à sua aprovação emitido pelo Ministério da Justiça. (Redação dada pela Lei nº 9.017, de 1995)
> Parágrafo único. Nos estabelecimentos financeiros estaduais, o serviço de vigilância ostensiva poderá ser desempenhado pelas Polícias Militares, a critério do Governo da respectiva Unidade da Federação. (Redação dada pela Lei nº 9.017, de 1995) [...]
> Art. 10. São consideradas como segurança privada as atividades desenvolvidas em prestação de serviços com a finalidade de: (Redação dada pela Lei nº 8.863, de 1994)
> I – proceder à vigilância patrimonial das instituições financeiras e de outros estabelecimentos, públicos ou privados, bem como a segurança de pessoas físicas; (Incluído pela Lei nº 8.863, de 1994)
> II – realizar o transporte de valores ou garantir o transporte de qualquer outro tipo de carga. (Incluído pela Lei nº 8.863, de 1994)
> §1º Os serviços de vigilância e de transporte de valores poderão ser executados por uma mesma empresa. (Renumerado do parágrafo único pela Lei nº 8.863, de 1994)
> §2º As empresas especializadas em prestação de serviços de segurança, vigilância e transporte de valores, constituídas sob a forma de empresas privadas, além das hipóteses previstas nos incisos do caput deste artigo, poderão se prestar ao exercício das atividades de segurança privada a pessoas; a estabelecimentos comerciais, industriais, de prestação de serviços e residências; a entidades sem fins lucrativos; e órgãos e empresas públicas. (Incluído pela Lei nº 8.863, de 1994)
> §3º Serão regidas por esta lei, pelos regulamentos dela decorrentes e pelas disposições da legislação civil, comercial, trabalhista, previdenciária e penal, as empresas definidas no parágrafo anterior. (Incluído pela Lei nº 8.863, de 1994)
> §4º As empresas que tenham objeto econômico diverso da vigilância ostensiva e do transporte de valores, que utilizem pessoal de quadro

funcional próprio, para execução dessas atividades, ficam obrigadas ao cumprimento do disposto nesta lei e demais legislações pertinentes. (Incluído pela Lei nº 8.863, de 1994)

Com efeito, pelas disposições dessa lei, abriu-se a possibilidade de que as atividades de vigilância ostensiva e de transporte de valores fossem desempenhadas não pelo próprio estabelecimento financeiro, mas por empresa especializada especificamente contratada para esse fim. A partir da Lei nº 8.863/1994, possibilitou-se, também, a terceirização de atividades de segurança privada em geral, ficando delimitado quais delas podem ser consideradas como de tal categoria. Com efeito, "somente na década de 1990, particularmente com a implantação do Plano Real, que a terceirização da mão-de-obra avançou rapidamente, tendo nos anos oitenta a sua presença ainda relativamente residual na contratação dos trabalhadores".[107]

Verifica-se que, diferentemente dos casos de contratação temporária, essa nova autorização legal viabilizou a terceirização permanente das atividades a que se refere. Uma vez mais, porém, nota-se não se tratar, ainda, da possibilidade de terceirização de atividades-fim, mas de atividades instrumentais que possibilitem o desempenho das atividades finalísticas dos bancos, instituições financeiras e demais empresas tomadoras dos serviços de segurança e transporte de valores. Com efeito, atividades como a vigilância ostensiva e patrimonial, a segurança de pessoas físicas e o transporte de valores ou outros tipos de carga não constituem exatamente atividades finalísticas das instituições financeiras ou dos outros estabelecimentos a que a lei se refere, públicos ou privados, mas sim das empresas especializadas contratadas para essas finalidades, que se constituíram especificamente para a prestação desses serviços.

É dizer: a prática de uma instituição financeira contratar empresa especializada para a prestação de serviços de segurança é, desde há muito, expressa e legalmente admissível, mostrando-se constitucionalmente compatível com o *domínio normativo* da relação de emprego, já que advinda de fonte legislativa legítima, além de se revelar formal e materialmente compatível com a ordem constitucional, que

---

[107] POCHMANN, Márcio. *A superterceirização do trabalho*. São Paulo: Revista dos Tribunais, 2008, p. 39.

a recepcionou. Sob a perspectiva da Lei nº 7.102/83, o mesmo não se poderia dizer, por exemplo, se tal empresa especializada contratasse seus vigilantes e seguranças por meio de interposta empresa, já que o exercício das atividades de vigilância constitui seu objeto empresarial finalístico e específico; o que não impossibilitaria eventual alteração legislativa superveniente que modificasse tal aparente vedação inicial.

Podem, ainda, ser citados outros marcos normativos subsequentes. Em 1994, editou-se a Lei nº 8.949, responsável pelo acréscimo do parágrafo único ao art. 442 da CLT, dispondo que "qualquer que seja o ramo de atividade da sociedade cooperativa, não existe vínculo empregatício entre ela e seus associados, nem entre estes e os tomadores de serviços daquela". Apesar de não se tratar de norma reguladora especificamente de terceirização, instituiu-se a presunção de ausência de vínculo empregatício entre o cooperado e a cooperativa, bem como frente às empresas tomadoras do serviço da cooperativa. Tal presunção, porém, é *juris tantum* e não *jure et jure*, porquanto o direito não se presta a albergar práticas fraudulentas, que hipoteticamente poderiam emergir a partir de tal disposição legal.

Com efeito, a previsão justifica-se pelo fato de que são princípios ínsitos ao cooperativismo a autonomia dos cooperados, a administração democrática e a busca de objetivos socioeconômicos comuns, a partir do que se presume a não formação de vínculo empregatício, já que inexistentes seus elementos caracterizadores. Nesse sentido, destaque-se a definição da Aliança Cooperativa Internacional (*International Co-operative Alliance*), segundo a qual uma cooperativa é: "uma associação autônoma de pessoas unidas voluntariamente para satisfazer suas aspirações e necessidades econômicas, sociais e culturais comuns, por meio de um empreendimento de titularidade conjunta e administrada democraticamente".[108] Entretanto:

> evidenciado que o envoltório cooperativista não lida com profissionais efetivamente autônomos e desatende, ainda, às finalidades e princípios

---

[108] Disponível em: <http://ica.coop/en/whats-co-op/co-operative-identity-values-principles>. Acesso em: set. 2017. Tradução livre de: "an autonomous association of persons united voluntarily to meet their common economic, social, and cultural needs and aspirations through a jointly-owned and democratically-controlled enterprise".

imanentes ao cooperativismo (princípio da dupla qualidade e princípio de retribuição pessoal diferenciada, por exemplo), fixando, por fim, vínculo caracterizado por todos os elementos fático-jurídicos da relação de emprego, não há como evitar-se o reconhecimento desta relação empregatícia, afastando-se a simulação perpetrada.[109]

Assim, revela-se mais uma circunstância em que a configuração do vínculo empregatício resulta da execução do trabalho de forma subordinada, ainda que isso ocorra de forma intermediada. Em reforço ao que se afirma, posteriormente sobreveio a Lei nº 12.690/2012, que dispôs sobre a organização e o funcionamento das Cooperativas de Trabalho. Ao que interessa para este capítulo, destacam-se os seus arts. 4º, II, e 5º:

> Art. 4º A Cooperativa de Trabalho pode ser:
> I – de produção, quando constituída por sócios que contribuem com trabalho para a produção em comum de bens e a cooperativa detém, a qualquer título, os meios de produção; e
> II – de serviço, quando constituída por sócios para a prestação de serviços especializados a terceiros, *sem a presença dos pressupostos da relação de emprego*. [...]
> Art. 5º *A Cooperativa de Trabalho não pode ser utilizada para intermediação de mão de obra subordinada*. (grifou-se)

Note-se que há dispositivo legal a indicar que a presunção de não formação de vínculo empregatício será afastada, quando presentes os pressupostos da relação de emprego, entre os quais a intermediação de mão de obra diretamente subordinada. A *contrario sensu*, é dizer: presente a intermediação de mão de obra diretamente subordinada, será possível a caracterização de vínculo de emprego direto com o tomador de serviços.

Há, ainda, outras referências legais dignas de nota, nas quais se refletiu o avanço da modalidade trilateral de relação trabalhista.

A Lei nº 8.036/1990, que instituiu o Fundo de Garantia do Tempo de Serviço – FGTS, por exemplo, tentou reunir, em uma mesma formulação conceitual de empregador e de trabalhador (e não de "empregado"), a relação de emprego tradicional bilateral e,

---

[109] DELGADO, Maurício Godinho. *Curso de direito do trabalho*. São Paulo: LTr, 2015, p. 479.

também, a de emprego terceirizante. Nesse sentido, veja-se o que é estampado nos §§1º e 2º do art. 15 desse diploma legal:

> §1º Entende-se por empregador a pessoa física ou a pessoa jurídica de direito privado ou de direito público, da administração pública direta, indireta ou fundacional de qualquer dos Poderes, da União, dos Estados, do Distrito Federal e dos Municípios, que admitir trabalhadores a seu serviço, bem assim aquele que, regido por legislação especial, encontrar-se nessa condição ou figurar como fornecedor ou tomador de mão-de-obra, independente da responsabilidade solidária e/ou subsidiária a que eventualmente venha obrigar-se.
> §2º Considera-se trabalhador toda pessoa física que prestar serviços a empregador, a locador ou tomador de mão-de-obra, excluídos os eventuais, os autônomos e os servidores públicos civis e militares sujeitos a regime jurídico próprio.

Previu-se, assim, a figura da tomação de mão de obra, afastando-se a responsabilidade solidária e/ou subsidiária do tomador de serviços como critério para a caracterização da relação de emprego. Nesse sentido, a mera existência de intermediação de mão de obra, na linha desses conceitos estipulados pela lei, não se mostra suficiente à caracterização do vínculo empregatício entre o trabalhador e a empresa tomadora de serviços, sob pena de se impossibilitar por completo a terceirização. Não é disso que se trata aqui: admite-se esse fenômeno; entretanto, a ele impõem-se limites constitucionais decorrentes da proteção da relação de emprego e de seu domínio normativo, sem que se impeça, em abstrato, a possibilidade de adoção, já que inicialmente compatível com esse modelo constitucional.

Na sequência, durante a década de 1990, em que se consolidaram determinadas práticas políticas direcionadas à privatização de determinadas entidades estatais, exsurgiram alguns atos legislativos que, ao regulamentar esses segmentos da economia, dispuseram, também, sobre questões atinentes à terceirização. Nesse sentido, destacam-se disposições da Lei nº 8.987/1995 (que trata do regime de concessão e permissão da prestação de serviços públicos em geral) e da Lei nº 9.472/1997 (que dispõe sobre a organização dos serviços de telecomunicações), *verbis*:

> *Lei nº 8.987/1995*
> Art. 25. Incumbe à concessionária a execução do serviço concedido, cabendo-lhe responder por todos os prejuízos causados ao poder

concedente, aos usuários ou a terceiros, sem que a fiscalização exercida pelo órgão competente exclua ou atenue essa responsabilidade.

§1º Sem prejuízo da responsabilidade a que se refere este artigo, a concessionária poderá contratar com terceiros o desenvolvimento de atividades inerentes, acessórias ou complementares ao serviço concedido, bem como a implementação de projetos associados.

§2º Os contratos celebrados entre a concessionária e os terceiros a que se refere o parágrafo anterior reger-se-ão pelo direito privado, não se estabelecendo qualquer relação jurídica entre os terceiros e o poder concedente.

§3º A execução das atividades contratadas com terceiros pressupõe o cumprimento das normas regulamentares da modalidade do serviço concedido.

Lei nº 9.472/1997
Art. 94. No cumprimento de seus deveres, a concessionária poderá, observadas as condições e limites estabelecidos pela Agência: [...]
II – contratar com terceiros o desenvolvimento de atividades inerentes, acessórias ou complementares ao serviço, bem como a implementação de projetos associados.

Quanto a esses diplomas específicos, percebe-se uma autorização legal já antiga para a terceirização de "atividades inerentes, acessórias ou complementares" aos serviços desenvolvidos pelas concessionárias. Em relação às *acessórias ou complementares*, por óbvio se relacionam às atividades não diretamente relacionadas à persecução dos serviços finais de telecomunicações e de fornecimento de energia elétrica. Em relação às atividades *inerentes*, convém destacar que nem todas são necessariamente relativas à persecução de atuação final da empresa, mas podem apenas traduzir algo que está intrinsecamente ligado a essa atividade. Veja-se, por exemplo, a atuação de instituições bancárias e financeiras: pode-se dizer que as atividades-fim de tais organizações dizem respeito à captação, intermediação ou aplicação de recursos financeiros de terceiros, ou mesmo a custódia, emissão, distribuição, negociação, intermediação ou administração de valores mobiliários. A tais atividades-fim ligam-se ações inerentes, como o transporte de bens e valores e a prestação de serviços de segurança, os quais, nem por isso, constituem especificamente a atuação final daquelas instituições, persistindo como atividades--meio, apesar de serem inerentes.

A afirmação é igualmente exemplificável nos setores econômicos específicos mencionados, nos quais se tenha realizado a concessão ou a permissão de serviços públicos. Em relação à Lei nº 9.472/1997, constituem atividades-fim da prestação de serviços de telecomunicações aquelas relacionadas à "transmissão, emissão ou recepção, por fio, radioeletricidade, meios ópticos ou qualquer outro processo eletromagnético, de símbolos, caracteres, sinais, escritos, imagens, sons ou informações de qualquer natureza" (art. 60, §1º). Ligadas a essas atividades-fim, apresentam-se atividades-meio inerentes, como os serviços de atendimento ao consumidor, cuja obrigatoriedade decorre da natureza consumerista da relação jurídica constituída (Decreto nº 6.523/2008, que, regulamentando o Código de Defesa do Consumidor – Lei nº 8.069/1990, fixa normas gerais sobre o Serviço de Atendimento ao Consumidor – SAC). Nessa categoria de atividades-meio e inerentes à prestação dos serviços de telecomunicações é que estariam enquadradas, por exemplo, as atividades exercidas pelos *call centers*, por meio dos quais são prestados os serviços de atendimento aos consumidores, cuja execução indireta por meio da intermediação de mão de obra (*rectius*: terceirização) estaria legalmente autorizada enquanto atividade-meio.

Outro exemplo: no âmbito dos serviços de transporte aéreo, pode-se dizer que sua atividade-fim específica consiste no efetivo deslocamento de passageiros ou coisas de um lugar a outro. A esta atividade finalística, porém, ligar-se-iam atividades inerentes, como aquelas relativas aos serviços de rampa, de pista, de limpeza de aeronaves, entre outras atividades denominadas de *ground handling*, cuja contratação mostra-se abstratamente possível via terceirização. Trata-se de atividades inerentes especiais, essenciais à prestação da atividade finalística, mas que não perdem sua característica de instrumentalidade e acessoriedade, conforme definição das legislações específicas do setor (art. 102 do Código Brasileiro de Aeronáutica e Resolução nº 116/2009 da Agência Nacional de Aviação Civil, por exemplo).[110]

---

[110] O art. 102 do Código Brasileiro de Aeronáutica dispõe que "São serviços auxiliares: I – as agências de carga aérea, os serviços de rampa ou de pista nos aeroportos e os relativos à hotelaria nos aeroportos; II – os demais serviços conexos à navegação aérea ou à infraestrutura aeronáutica, fixados, em regulamento, pela autoridade aeronáutica. [...] §2º Serão permitidos convênios entre empresas nacionais e estrangeiras, para que cada uma opere em seu respectivo país, observando-se suas legislações específicas". Já a Resolução

Em todo caso, deve-se reafirmar a premissa de que os dispositivos legais, enquanto normas de hierarquia inferior no ordenamento jurídico, devem ser lidos à luz das disposições constitucionais da proteção da relação de emprego. É a legislação infraconstitucional que deve ser lida sob os olhos da Constituição, e não os valores constitucionais interpretados à luz dos atos legais. Assim é que, ainda que a expressão *atividades inerentes* não seja sinônima de *atividades-fim*, a interpretação sistemática do art. 25 da Lei nº 8.987/1995 e do art. 94, II, da Lei nº 9.472/1997 até poderiam implicar autorização legal para a terceirização ampla, já que abstratamente compatível com o domínio normativo da proteção constitucional às relações de trabalho.

No âmbito de toda essa pluralidade normativa, que nem sempre se colocava em termos claros e evidentes, alguns importantes aspectos relativos à terceirização começaram a ser delineados pelo exercício do *munus* constitucional do Poder Judiciário. No desiderato de tal mister, ainda na década de 1980, o Tribunal Superior do Trabalho editou, inicialmente, a Súmula nº 256, editada, ainda, sob a vigência da Constituição de 1967, que, em sua redação original, previa o seguinte:

> Salvo os casos de trabalho temporário e de serviço de vigilância, previstos nas Leis nºs 6.019, de 03.01.1974, e 7.102, de 20.06.1983, é ilegal a contratação de trabalhadores por empresa interposta, formando-se o vínculo empregatício diretamente com o tomador dos serviços.

Destaca-se que o referido verbete jurisprudencial teve como precedente paradigma um Incidente de Uniformização de Jurisprudência da relatoria do Ministro Marco Aurélio, que, então, integrava aquela Corte, tendo como fundamentos principais as seguintes premissas argumentativas:

> (1) a ordem constitucional econômica e social, fundada nos princípios da valorização do trabalho e da dignidade humana, assegura aos trabalhadores a integração na vida e no desenvolvimento da empresa beneficiária do labor;

---

nº 116/2009 da Agência Nacional de Aviação Civil dispõe sobre os serviços auxiliares ao transporte aéreo, tendo sido alterada pela Resolução nº 361, de 16.07.2015, sem que tenha havido modificações substanciais ao que aqui interessa.

(2) a possibilidade de o tomador dos serviços não assumir diretamente os ônus trabalhistas, valendo-se, para tanto, do contrato de natureza civil, só pode ser permitida excepcionalmente em caso de serviço transitório e não vinculado à atividade normal da tomadora;
(3) a relação jurídica mantida entre a tomadora dos serviços e a empresa contratada, nestas atividades normais, possui características de arrendamento, locação ou aluguel de força de trabalho, revestindo-se de ilicitude, pois somente as coisas – não os homens – podem ser objetos desse tipo de ajuste;
(4) há mais de meio século o Direito do Trabalho vem em socorro do empregado para evitar a sua exploração sem causa;
(5) esse objetivo fica ameaçado, diante dos contratos civis e de intermediação de mão de obra que ensejam lucros aos intermediários, deduzidos dos salários que pagam aos trabalhadores.[111]

Conforme aqui já pormenorizadamente destacado, a superveniência da Constituição de 1988 representou verdadeiro reforço a essas mesmas premissas relativas à proteção efetiva do trabalhador e da relação de emprego, assegurando, expressamente, o valor social do trabalho e da livre-iniciativa (art. 1º, IV, da CRFB/88); a dignidade da pessoa humana (art. 1º, III, da CRFB/88); os direitos sociais e trabalhistas (arts. 6º e 7º da CRFB/88); a busca do pleno emprego (art. 170, VIII, da CRFB/88), entre outros.

De fato, o citado enunciado representou iniciativa importante ao trazer alguns parâmetros orientativos à (im)possibilidade de terceirização, fixando em quais casos tal prática seria admitida. Entretanto, fazia-o pela via judicial e de forma bastante restritiva e pretensamente exaustiva, o que comprometeu a sua própria absorção e conformação com o ordenamento jurídico, o qual, conforme evolução normativa aqui já delineada, passou a gradativamente autorizar a terceirização de atividades-meio para hipóteses não abarcadas por aquele enunciado. Nesse cenário, impunha-se a adaptação do entendimento jurisprudencial inicialmente adotado às modificações sociais, econômicas e legislativas pelas quais o país havia passado.

Desse modo, à luz da nova ordem constitucional, bem como da evolução do tratamento normativo da terceirização, conduziu-se à

---

[111] IUJRR 3442/1984, Ac. TP 2208/1986, Min. Marco Aurélio Mendes de Farias Mello, *DJ*, 10 out. 1986.

revisão daquele verbete sumular, editando-se, em 1993, a conhecida Súmula nº 331/TST. Após alterações e ajustes promovidos em tal enunciado, sobretudo depois do que assentado pelo Supremo Tribunal Federal na ADC nº 16 (Rel. Min. Cezar Peluso, *DJe*, 09 set. 2011),[112] a atual redação da Súmula possui o seguinte teor:

> I – A contratação de trabalhadores por empresa interposta é ilegal, formando-se o vínculo diretamente com o tomador dos serviços, salvo no caso de trabalho temporário (Lei nº 6.019, de 03.01.1974).
> II – A contratação irregular de trabalhador, mediante empresa interposta, não gera vínculo de emprego com os órgãos da Administração Pública direta, indireta ou fundacional (art. 37, II, da CF/1988).
> III – Não forma vínculo de emprego com o tomador a contratação de serviços de vigilância (Lei nº 7.102, de 20.06.1983) e de conservação e limpeza, bem como a de serviços especializados ligados à atividade-meio do tomador, desde que inexistente a pessoalidade e a subordinação direta.
> IV – O inadimplemento das obrigações trabalhistas, por parte do empregador, implica a responsabilidade subsidiária do tomador dos serviços quanto àquelas obrigações, desde que haja participado da relação processual e conste também do título executivo judicial.
> V – Os entes integrantes da Administração Pública direta e indireta respondem subsidiariamente, nas mesmas condições do item IV, caso evidenciada a sua conduta culposa no cumprimento das obrigações da Lei nº 8.666, de 21.06.1993, especialmente na fiscalização do cumprimento das obrigações contratuais e legais da prestadora de

---

[112] Na ADC nº 16, o Plenário do Supremo Tribunal Federal assentou a constitucionalidade do art. 77, §1º, da Lei nº 8.666/93, que, na redação que lhe atribuiu a Lei nº 9.032/95, dispõe o seguinte: "1º A inadimplência do contratado, com referência aos encargos trabalhistas, fiscais e comerciais não transfere à Administração Pública a responsabilidade por seu pagamento, nem poderá onerar o objeto do contrato ou restringir a regularização e o uso das obras e edificações, inclusive perante o Registro de Imóveis". O acórdão proferido na ocasião foi assim ementado: "RESPONSABILIDADE CONTRATUAL. Subsidiária. Contrato com a administração pública. Inadimplência negocial do outro contraente. Transferência consequente e automática dos seus encargos trabalhistas, fiscais e comerciais, resultantes da execução do contrato, à administração. Impossibilidade jurídica. Consequência proibida pelo art., 71, §1º, da Lei federal nº 8.666/93. Constitucionalidade reconhecida dessa norma. Ação direta de constitucionalidade julgada, nesse sentido, procedente. Voto vencido. É constitucional a norma inscrita no art. 71, §1º, da Lei federal nº 8.666, de 26 de junho de 1993, com a redação dada pela Lei nº 9.032, de 1995". A temática voltou à pauta do Plenário do STF em 2017, quando se analisava, sob a sistemática da repercussão geral, o RE nº 760.931, de relatoria inicial da Ministra Rosa Weber, mas para cujo acórdão ficou redator o Min. Luiz Fux. Na ocasião, ao final do julgamento, assentou-se, por maioria, a seguinte tese conclusiva: "O inadimplemento dos encargos trabalhistas dos empregados do contratado não transfere automaticamente ao Poder Público contratante a responsabilidade pelo seu pagamento, seja em caráter solidário ou subsidiário, nos termos do art. 71, §1º, da Lei nº 8.666/93".

serviço como empregadora. A aludida responsabilidade não decorre de mero inadimplemento das obrigações trabalhistas assumidas pela empresa regularmente contratada.

VI – A responsabilidade subsidiária do tomador de serviços abrange todas as verbas decorrentes da condenação referentes ao período da prestação laboral.

Desse modo, a partir de tal enunciado, cuja aplicação passou a guiar o deslinde das controvérsias judiciais trabalhistas em matéria de terceirização, separaram-se as hipóteses em que a intermediação de mão de obra é considerada lícita (*v.g.* trabalho temporário; serviços de vigilância, conservação e limpeza; serviços especializados associados à atividade-meio do tomador) daquelas em que, nos termos da referida súmula, afiguram-se como ilícitas (persecução das atividades-fim e demais serviços prestados com pessoalidade e subordinação direta). É notadamente a partir de então que se estabeleceram profundos debates quanto à diferenciação das atividades-meio e atividades-fim de determinada atividade econômica, critério diferenciador preponderantemente utilizado para a aferição da licitude ou ilicitude da terceirização. Cumpre, portanto, analisar tal diferenciação, tarefa à qual se destina o próximo capítulo.

Desde já se destaca, porém, que a edição da referida Súmula, como diferente não poderia ser, pautava-se nos atos normativos existentes no ordenamento jurídico brasileiro presentes ao tempo de sua edição. Não é por outra razão que seu teor faz menção expressa às Leis nºs 6.019/1974 e 7.102/1983, por exemplo, aqui já especificamente analisadas. É dizer: a alteração superveniente desse quadro fático-normativo – tal qual promovida pelas Leis nºs 13.429/2017 e 13.467/2017 – implica a necessidade de reanálise e de possível revisão de tal entendimento inicial. Uma coisa é afirmar a impossibilidade de terceirização de atividade-fim na ausência de legislação específica que a autorize categoricamente; outra é manter esse entendimento mesmo diante de previsão legal expressa que a legitime.

CAPÍTULO 6

A TERCEIRIZAÇÃO DE ATIVIDADES-FIM

Conforme a leitura que aqui se tem proposto, a distinção entre *atividades-meio* e *atividades-fim* deve perpassar pelo domínio normativo da proteção constitucional da *relação de emprego* (art. 7º, I, da CRFB/88). Com efeito, a compreensão mais tradicional da temática impede a terceirização de atividades-fim de uma atividade empresarial, de modo a pressupor, necessariamente, a criação de um vínculo jurídico entre o prestador de serviços e aquele perante quem os presta de forma subordinada, em que o pagamento de um salário ao empregado passa a ser mecanismo legitimador da relação hierárquica estabelecida e da apropriação, pelo empregador, dos frutos do trabalho exercido.

Entretanto, uma leitura mais ampla e completa do domínio constitucional da proteção às relações de trabalho não pode acarretar uma necessária vedação à terceirização das atividades essenciais de determinada empresa organizada e prestada de forma profissional com vistas à circulação de bens ou serviços. A imprescindível consideração do trabalhador como um fim em si mesmo, e nunca como meio, não impõe a conclusão de que a sua integração ao projeto finalístico de uma atividade empresarial só pode ocorrer mediante um vínculo empregatício direto entre o prestador do serviço e o seu tomador.

Antes, porém, é preciso analisar quais os critérios usualmente utilizados para a promoção da separação entre as atividades-meio e as atividades-fim de determinada atuação econômica. Cabe discutir, também, a (in)suficiência desse modelo, imprescindível à compreensão desse primeiro entendimento mais tradicional acima mencionado.

6.1 Critérios diferenciadores entre atividades-meio e atividades-fim

Em linha geral, a iniciação do exercício de uma empresa – isto é, de uma atividade econômica organizada, executada profissionalmente e destinada à circulação de bens e/ou serviços – pode se dar tanto individualmente (seja mediante a atuação efetivamente individual do empresário pessoa física ou mediante a constituição de uma Empresa Individual de Responsabilidade Limitada – EIRELI), como por meio da constituição de uma sociedade empresária, adotado algum dos vários tipos societários admitidos pelo direito brasileiro. Em todo caso, como dever inicial do empresário ou da entidade empresária, ao menos para aqueles que queiram se instituir regularmente e de acordo com os requisitos formais do direito empresarial, impõe-se a necessidade de registro prévio e anterior ao início da execução de suas atividades, mediante a inscrição de seus atos constitutivos perante o órgão competente. Já no momento da elaboração de seus atos constitutivos, é necessário dispor de forma precisa e completa qual o objeto da atividade empresarial a ser exercida, isto é, a qual ramo da atividade econômica aquele empresário destinará seus esforços finalísticos.

A partir desse contexto, as atividades desempenhadas no exercício de determinada empresa e na persecução de uma atividade econômica podem ser divididas em atividades-meio e atividades-fim. Em um primeiro momento, o objeto social indicado no momento da constituição do empresário individual ou da sociedade empresária será o principal critério diferenciador para a distinção de tais atividades.

As primeiras, as atividades-meio, são aquelas instrumentais e acessórias em relação ao objeto social da companhia. São imprescindíveis para que funcione (e, portanto, podem ser *inerentes*, na linha da interpretação proposta no capítulo anterior), mas exorbitam o seu *core business*, o seu negócio principal executado em conformidade com o seu ato constitutivo. Tomando-se o exemplo de uma empresa petrolífera, além de refinar e comercializar petróleo, seus derivados e gás natural, que configuram exemplos de sua atividade-fim, ela também necessita comprar resmas de papel A4, impressoras, computadores, mesas, cadeiras, elevadores para seus prédios, reformar seus edifícios, contratar pessoas jurídicas para a conservação e limpeza de seus bens e outras atividades que não dizem respeito diretamente ao núcleo de negócios da companhia, apesar de serem inerentes e essenciais à realização daquelas atividades finalísticas. Nesse sentido, destacam-se os ensinamentos de Marçal Justen Filho, que comenta a distinção no âmbito das empresas estatais (empresas públicas e sociedades de economia mista), que se constituem também como pessoas jurídicas de direito privado:

> A diferença entre atividade-fim e atividade-meio está na vinculação do contrato com o objeto cujo desenvolvimento constitui a razão de ser da entidade. A atividade-fim é aquela para a qual se vociona a sociedade de economia mista ou empresa pública. Considera-se todo o restante atividade-meio.
> Nem sempre é simples a diferenciação, eis que inúmeras contratações se referem indiretamente à atividade-fim. Assim, a aquisição de insumo necessário à produção de um derivado ou manufaturado enquadra-se na atividade-fim. Mas a construção de uma fábrica não estaria albergada na mesma categoria, comportando submissão ao procedimento licitatório.[113]

Na descentralização do processo produtivo, buscava-se identificar, no âmbito da organização do exercício de cada empresa, qual a sua competência central (*core competence*), a fim de que fosse mantida em seu próprio âmbito de controle direto.[114] Nesse primeiro momento, a terceirização concentrava-se nas atividades-meio de determinada atividade econômica, isto é, destinadas ao atendimento de demandas mais periféricas de um dado processo produtivo, tais como as já mencionadas atividades de segurança, limpeza, transporte, manutenção, entre outros.

---

[113] JUSTEN FILHO, Marçal. *Comentários à lei de licitações e contratos administrativos*. 11. ed. São Paulo: Dialética, 2005, p. 19.
[114] Sobre o ponto, Márcio Pochmann estabelece que "as empresas buscaram focalizar a intervenção direta, para se concentrar fundamentalmente na vocação principal e transferir as demais etapas para empresas especializadas, geralmente reconhecidas como fornecedoras de bens e serviços". POCHMANN, Márcio. *A superterceirização do trabalho*. São Paulo: Revista dos Tribunais, 2008, p. 53.

Entretanto, pelas razões anteriormente anunciadas, com o passar do tempo o processo de terceirização avançou, de modo a, aos poucos, alcançaras atividades-fim de determinada atividade econômica. Nesse contexto, algumas das tarefas inicialmente internas e primárias do objeto social de determinado empresário começaram a também ser transferidas, o que ensejou a externalização de parte de seu *core business*. Nessa nova forma de terceirização, exige-se um maior alinhamento conceitual e produtivo entre os empresários que se relacionam, o que geralmente se dá em relações de parcerias mais estruturadas, mediante contratos de maior prazo e com maiores garantias de estabilidade, normalmente demandando atividades como a capacitação, o monitoramento, a gerência, a transferência de tecnologias do processo produtivo, entre outros.[115] Nesse sentido, a principal função do tomador dos serviços passa a ser a de gestão do processo produtivo, em que a mão de obra é um dos insumos essenciais à realização final do objeto de determinada atividade econômica.

A partir dessa ampliação na área econômica, o processo de terceirização possibilita a abrangência, quase que irrestrita, das atividades de produção, ensejando a integração de processos produtivos, aproximação e estreitamento dos elos da cadeia de consumo e acarretando, por exemplo, o surgimento de empresários menores que se especializem na execução de algumas daquelas atividades transferidas, em uma grande rede interligada de produção de bens e/ou serviços. Todo esse novo cenário produz consequências também na gestão da mão de obra necessária à realização de todo o processo produtivo, o que origina modificações e flexibilizações na disciplina jurídica das relações de trabalho, sem que disso se extraia, necessariamente, uma inferior proteção de tais vínculos.

---

[115] Essa segunda forma de terceirização é denominada por Márcio Pochmann de *super-terceirização*, cujas "principais atividades constituem o núcleo da cadeia produtiva, atendendo a tarefas e funções de produção, vendas, logísticas, organização, supervisão e gerência, entre outras" (*Ibidem*, p. 53). Como ressaltado, aqui "o alinhamento das empresas parceiras tende a ser maior que na terceirização-base, envolvendo uma série de requisitos de competição como integração na cadeia de produção, qualidade, prazos, produtividade, entre outros. Para se adequar ao modus operante do núcleo da competência, torna-se necessário tanto a capacitação, o monitoramento e integração de processos e sistemas de controle como a transferência de tecnologia gerada internamente ou adquirida externamente" (*Ibidem*, p. 53).

Na evolução do tratamento normativo e jurisprudencial dado ao fenômeno da terceirização no país, passou-se a admitir tão somente sua ocorrência em relação às atividades-meio, tal qual o entendimento cristalizado na mencionada Súmula nº 331 do TST, editada em um ambiente normativo em que não existia autorização legal expressa à externalização do desenvolvimento de atividades-fim. Essa proibição parcial funda-se, para os que adotam esse entendimento, em uma afirmação genérica de que a terceirização de atividades ínsitas ao próprio núcleo de uma atividade econômica representaria fraude ao Direito do Trabalho e ofensa ao princípio de proteção do trabalhador.[116]

Entretanto, a própria nebulosidade do critério diferenciador apontado dificulta a concordância com essa limitação. Se há casos em que teremos certeza quanto à pertinência ou impertinência de determinada tarefa ao núcleo da organização empresarial do tomador dos serviços, haverá hipóteses limítrofes em que a definição de uma atuação material como atividade-meio ou atividade-fim não representará nada além de subjetivismos do intérprete.

Com efeito, há que se destacar que a fluidez da sociedade contemporânea acarreta dinamicidades intrínsecas também no processo de produção e circulação de bens e serviços, especialmente diante da celeridade e rapidez com que se atualizam e se desenvolvem tanto as tecnologias produtivas como as necessidades e as demandas do público-alvo daquele bem ou serviço comercializado. Retomando o exemplo de uma empresa petrolífera: pode não haver dúvidas de que as tarefas de refinamento e comercialização de petróleo e seus derivados configuram exemplos de sua atividade-fim, do mesmo modo que parece certo que a limpeza e a vigilância de suas instalações constituem atividades-meio, ao não dizerem respeito ao núcleo de negócios da atividade econômica exercida, mesmo quando inerentes ou essenciais à realização daquelas atividades finalísticas. Entretanto, o que dizer das atividades de pesquisa e de prospecção de determinada região geológica para identificar se há ou não petróleo suficiente em determinada área, a justificar ou não sua exploração: trata-se de atividade-meio ou atividade-fim? Em

---

[116] MIRAGLIA, Lívia Mendes Moreira. *A terceirização trabalhista no Brasil*. São Paulo: Quartier Latin, 2008, p. 159.

outro caso, de uma prestadora de serviços de telecomunicações: a manutenção de um serviço de *call center* para atendimento aos clientes e resolução de problemas identificados na execução de seu objeto social trata-se de atividade-meio ou atividade-fim?

O que se nota é que a adoção do critério de distinção entre atividade-meio e atividade-fim como determinante para a possibilidade ou não de terceirização é insuficiente, uma vez que baseada em conceitos bastante indeterminados e que, perante cada caso concreto ou perante cada intérprete, abre espaços para subjetivismos exagerados. Se, por um lado, existem zonas de certeza positiva e negativa; por outro, são nas zonas intermediárias de incerteza que se identificam as limitações e as insuficiências desse critério diferenciador.[117] Não

---

[117] Não se desconhece que a utilização de conceitos indeterminados e cláusulas gerais é adaptação operativa do Direito justamente à abertura conceitual que esse deve ter diante de valores sociais de justiça e da mutabilidade da sociedade ao qual aquele se aplica. Não está aqui a defender a não utilização desses conceitos abertos, mas apenas a indicar que, justamente por se revelarem formulações mais vagas e imprecisas, as situações de dúvidas de sua aplicação revelam a insuficiência de adoção desse critério como determinador da possibilidade ou impossibilidade de terceirização de determinada prestação material – até mesmo porque nem se trata de uma distinção jurídica ou de conceitos *jurídicos* indeterminados. Sobre o tema, destacam-se os ensinamentos de Karl Engisch: "Por conceito indeterminado entendemos um conceito cujo conteúdo e extensão são em larga medida incertos. Os conceitos absolutamente determinados são muito raros no Direito. Em todo o caso, devemos considerar como tais os conceitos numéricos (especialmente em combinação com os conceitos de medida e os valores monetários: 50km, prazo de 24 horas, 100 marcos). Os conceitos jurídicos são predominantemente indeterminados, pelo menos em parte. É o que pode afirmar-se, por exemplo, a respeito daqueles conceitos naturalísticos que são recebidos pelo Direito, como os de 'escuridão', 'sossego nocturno', 'ruído', 'perigo', 'coisa'. E com mais razão se pode dizer o mesmo dos conceitos propriamente jurídicos, como os de 'assassinato' ('homicídio qualificado'), 'crime', 'acto administrativo', 'negócio jurídico', etc. Com Philipp Heck podemos distinguir nos conceitos jurídicos indeterminados um núcleo conceitual e um halo conceitual. Sempre que temos uma noção clara do conteúdo e da extensão dum conceito, estamos no domínio do núcleo conceitual. Onde as dúvidas começam, começa o halo do conceito. Que numa noite sem luar, pelas vinte e quatro horas, nos espaços não iluminados, domina a escuridão na nossa latitude, é uma coisa clara; dúvidas fazem já surgir as horas do crepúsculo. É fora de toda a dúvida que os imóveis, os móveis, os produtos alimentares, são coisas; mas outro tanto se não poderá dizer, por exemplo, relativamente à energia eléctrica ou a um penacho de fumo (formando as letras de um reclame) no céu. É certo e seguro que, verificado um parto bem sucedido e o nascimento de uma criança de progenitores humanos, estamos em presença de um 'homem' em sentido jurídico; mas já não tem resposta tão segura a questão de saber se e em que momento nos encontramos perante um 'homem' (e não já um simples 'feto') logo durante os trabalhos de parto (depois de iniciadas as contracções). Esta questão receberá mesmo diferentes respostas consoante os diferentes ramos do Direito: para o Direito civil, somente temos um homem dotado de 'capacidade jurídica' com o termo do nascimento, ao passo que, segundo o Direito penal, já 'durante o nascimento' (mas a partir de que momento?) existe um 'homem' que pode ser objecto

bastasse isso, essas limitações e insuficiências agravam-se, em razão da ampliação excessiva dessa zona intermediária de incerteza, decorrente das já destacadas dinamicidade e fluidez das relações de produção e consumo na sociedade em que se vive.[118]

Há que se destacar que a possibilidade legal de terceirização da atividade-fim – consoante sugere a Lei nº 13.429/2017 e conforme expressamente autoriza a Lei nº 13.467/2017 quando se refere à terceirização da atividade principal – não se identifica necessariamente com a terceirização ilícita, esta concebida como aquela praticada mediante fraudes, com a finalidade única de burlar ou afastar a aplicação da legislação trabalhista. Ao contrário, a terceirização de atividade-fim será considerada lícita, quando cumprir fielmente sua disciplina legal, sem qualquer espaço para abranger práticas fraudulentas ou ilícitas.[119] Ademais, como já acima enunciado, a afirmação de sua possibilidade pode representar oportunidade de ampliação dos postos de trabalho e de regularização do vínculo daqueles que trabalham na informalidade.

A conclusão a que se chega, a esta altura, é a de inadequação do emprego da distinção entre atividades-meio e atividades-fim como parâmetro determinante para a juridicidade da terceirização. Ainda que se indique um critério inicialmente objetivo, isto é, o objeto social e as tarefas a ele essenciais, sua análise mais detida acaba por revelar a insuficiência e a indeterminação desse modelo, a ensejar a inviabilidade da própria distinção em si. É dizer: a distinção acima narrada é insuficiente para assentar a (im)possibilidade de terceirização.

Desse modo, a inserção do trabalhador no processo produtivo e na atividade finalística de uma empresa pode se dar por formas

---

de um assassinato, de um homicídio voluntário ou de um homicídio por negligência". ENGISCH, Karl. *Introdução ao pensamento jurídico*. Tradução de João Baptista Machado. Lisboa: Fundação Calouste Gulbenkian, 2001, p. 208-210.

[118'] Esses fatores são reconhecidos até mesmo por aqueles que afirmam a necessária vinculação de relação direta entre a terceirização de atividades-fim e a existência de fraude ao Direito do Trabalho e de ofensa ao princípio de proteção do trabalhador. Veja-se: "Na prática, devido à dinâmica empresarial, altamente mutável, por vezes, será difícil distinguir claramente as atividades-meio das atividades-fim. Até porque, com a tecnologia e o desenvolvimento do mundo moderno, uma atividade que ontem era essencial pode tornar-se hoje meramente acessória" (MIRAGLIA, Lívia Mendes Moreira. *A terceirização trabalhista no Brasil*. São Paulo: Quartier Latin, 2008, p. 161).

[119] Nesse sentido, o art. 9º da CLT afirma serem nulos de pleno direito os atos praticados com o objetivo de desvirtuar impedir ou fraudar a aplicação dos preceitos nela contidos.

outras que não o vínculo empregatício direto, desde que resguardada a tutela do trabalho digno. Não havendo uma relação direta entre a ampliação da terceirização de modo a abranger a atividade-fim e a majoração da ofensa à dimensão trabalhista da dignidade da pessoa humana, não cabe arguir a sua inconstitucionalidade com suporte em fundamentos genéricos e que, mesmo quanto aos números apresentados, revelam-se duvidosos.[120]

Uma vez que não se retira do *domínio normativo* da relação de trabalho (art. 7º, I, da CRFB/88) o necessário reconhecimento da existência de uma *relação de emprego stricto sensu*, entende-se que o principal critério diferenciador entre a possibilidade ou não de terceirização de determinada atividade e os limites para sua realização é a existência ou não de autorização legal, dentro do formal e materialmente compatível com a moldura constitucionalmente delimitada. Cumpre rememorar que também ao legislador é dado interpretar a Constituição e as normas constitucionais potencialmente conflitantes, momento em que deverão ser considerados os diversos fatores envolvidos para a formulação de uma política pública de trabalho, tais como os aspectos jurídicos, econômicos, sociais, a proteção da dignidade do trabalhador e de seu trabalho, a livre-iniciativa e a livre concorrência, entre outros. Assim é que não se vislumbra, diante de todo o cenário aqui descrito, uma apriorística proibição constitucional à possibilidade de terceirização de atividades-fim, cujos contornos devem ser buscados a partir da legislação infraconstitucional, como a seguir se prossegue a desenvolver.

6.2 Terceirização de atividade-fim: por que não?

A ciência do Direito sofre com a existência de alguns mantras, alguns dogmas que, muitas vezes, não são objeto de uma

---

[120] A propósito, remete-se a nota de rodapé constante do Capítulo 1 deste livro em que são apresentadas visões críticas a respeito de dados estatísticos colhidos pela CUT e pelo DIEESE quanto aos alegados efeitos deletérios diretamente decorrentes do processo de terceirização, tal qual a inferioridade da remuneração paga aos terceirizados. A pesquisa, conforme ali se demonstrou, parece possuir vícios de origem que culminam em uma dificuldade de aceitação de seus resultados.

reflexão mais profunda. Por vezes, institutos jurídicos são investigados, mediante debates demasiadamente polarizados, embebidos por análises excessivamente distorcidas e distantes da realidade, sem que haja uma autêntica preocupação com as suas possibilidades.

Nesse contexto e à luz do que já assentado, as regras do ordenamento jurídico brasileiro sobre as relações de trabalho e de emprego não impedem, ao menos expressamente, a terceirização de uma atividade-fim. Tampouco se entende possível extrair essa vedação do arcabouço de normas constitucionais, ainda que implicitamente. Em verdade, o que se tem é um discurso imbuído de abordagens principiológicas genéricas e que parte da premissa de que a terceirização tem como objetivos únicos a precarização da relação de trabalho e o incremento do lucro do empresário.

Como assentado no tópico anterior, nesse contexto de demonização da terceirização, surgem os parâmetros teóricos da atividade-fim e atividade-meio como instrumentos necessários para a identificação de quando a contratação de mão de obra será lícita ou ilícita, dando origem, nesta última hipótese, a uma relação de emprego indesejada para a empresa contratante. O grande problema é que esses critérios atualmente utilizados para se permitir ou não a terceirização de mão de obra não são bem-sucedidos. Permitir a terceirização em matéria de atividade-meio e considerá-la reprovável quando se tratar de uma atividade-fim é algo que juridicamente não se sustenta e, arrisca-se dizer, sequer é coerente.

Na linha do que temos sustentado, dois são os fatores principais que nos levam à conclusão da inadequação da análise das hipóteses de cabimento da terceirização com amparo na sua relação com o objeto social de uma companhia: (i) a dificuldade de separação entre o que é atividade-meio e o que é atividade-fim; (ii) a possibilidade de que a atividade-fim, função inerente ao objeto social de uma companhia, seja mais bem desempenhada por um terceirizado que tenha reconhecimento elevado na matéria.

Quanto ao primeiro ponto, a prática tem revelado como pode ser difícil separar o que é atividade-fim do que é atividade-meio. Há empresas que preveem inúmeras atividades em seu objeto social, o que torna muito difícil fazer uma segura identificação do que é atividade nuclear para o referido objeto daquilo que é meramente instrumental. Tal característica pode acabar por multiplicar o número de reclamações trabalhistas e de processos judiciais cujo tema central seja essa separação: de um lado, o trabalhador querendo demonstrar que aquilo que ele faz gera vínculo de emprego, por se tratar de atividade-fim; de outro, o empresário contratante da mão de obra lutando para dizer que a atividade realizada pelo trabalhador é meramente instrumental e, por essa razão, não seria capaz de gerar qualquer vínculo empregatício direto.

Nem sempre a diferenciação entre o que é instrumental e o que é nuclear ao objeto social da companhia será uma medida fácil. Retoma-se, agora com maior especificidade, o exemplo de uma atividade econômica petrolífera, que inevitavelmente necessita realizar diversas atividades, muitas delas complexas, para fazer cumprir seu objeto social. Passa-se a considerar o exemplo da Petrobras, em cujo Estatuto Social[121] consta a seguinte descrição de seu objeto social:

> Art. 3º A Companhia tem como objeto a pesquisa, a lavra, a refinação, o processamento, o comércio e o transporte de petróleo proveniente de poço, de xisto ou de outras rochas, de seus derivados, de gás natural e de outros hidrocarbonetos fluidos, além das atividades vinculadas à energia, podendo promover a pesquisa, o desenvolvimento, a produção, o transporte, a distribuição e a comercialização de todas as formas de energia, bem como quaisquer outras atividades correlatas ou afins.

Nota-se que, entre as atividades da Petrobras, tem-se como atividade-fim a pesquisa de petróleo. Em um primeiro momento, isso significa que a referida empresa deve ter, em seus quadros, empregados que realizem a atividade de pesquisa. Entretanto, parece incoerente e sem qualquer sentido prático a eliminação da possibilidade de se ter um pesquisador profissional empregado de uma empresa de intermediação de mão de obra e que preste seus serviços de forma específica para tal tarefa. Há que se considerar, até mesmo, o eventual desinteresse de tal trabalhador se tornar empregado direto e vinculado da Petrobras, pelo fato de poder, como pesquisador profissional, trabalhar em inúmeros projetos distintos para companhias diversas, por

---

[121] Aprovado em AGOE, 28.04.2016. Disponível em: <www.investidorpetrobras.com.br / download/3930>. Acesso em: 15 ago. 2017.

exemplo. Mais importante do que saber se o que o trabalhador realiza é atividade-fim ou atividade-meio, é identificar se existe uma subordinação técnica que possa potencialmente justificar o reconhecimento do vínculo de emprego.

Por mais que, em um primeiro momento, a atividade de pesquisa faça parte do objeto social da companhia, esta pode não ter condições orçamentárias para manter, de forma contínua e duradoura, em sua estrutura, todos os pesquisadores que são necessários para a execução de tal atividade. Assim é que, caso o trabalhador realize atividade considerada atividade-fim, mas sem que haja qualquer ingerência da empresa tomadora de mão de obra nos aspectos técnicos da tarefa, não há razão para o reconhecimento do vínculo de emprego, mesmo que o trabalho seja realizado nas dependências da empresa beneficiada com o serviço; sobretudo quando haja autorização legal expressa nesse sentido.

Nessa altura, temos de concluir que, ainda que a atividade seja considerada fim, uma função nuclear do objeto social, ela pode ser eventualmente mais bem realizada por um trabalhador terceirizado que tenha conhecimentos profundos na matéria. Não se pode vincular, de forma cogente, a organização eficiente de uma atividade empresarial ao interminável duelo entre atividade-fim e atividade-meio. Tais parâmetros atualmente empregados para validar a terceirização não estão cumprindo o seu papel, que deve ser o de incrementar o desempenho da atividade empresarial, bem como o de melhorar as condições salariais e a qualidade do trabalho, conciliando a tutela da dignidade do trabalhador com a liberdade de organização empresarial de cada modelo de negócio.

Portanto, o que mais importa como obstáculo para a terceirização não deve ser o enquadramento da atividade como nuclear ao objeto social, até porque isso pode sofrer modificações de acordo com a vontade exclusiva do empresário. Outro parâmetro que pode ser melhor considerado para a aferição da possibilidade ou impossibilidade da terceirização de determinada atividade é o fato de o trabalhador terceirizado ter ou não suas atividades dirigidas, técnica e diretamente, pela empresa contratante de sua mão de obra. É esse exercício do poder diretivo pela empresa contratante, ausente quando o terceirizado possui *expertise* e singularidade na sua atividade, que pode fazer surgir o vínculo empregatício em um caso concreto.

Destaca-se que tais conclusões quanto à especialização do trabalho exercido e à ausência de submissão direta ao poder de determinação da empresa contratante de mão de obra terceirizada já eram possíveis mesmo antes da edição das Leis nºs 13.429/2017 e 13.467/2017 (objeto específico de análise pelo Capítulo 8 deste livro), quando era mais vaga a legislação brasileira sobre o ponto, inexistindo autorização direta para a sua ampliação em relação às atividades-fim. Assim é que se torna necessária a revisão da Súmula nº 331 do TST, especialmente em relação ao seu item I,[122] que precisa, ao menos, incluir outra ressalva além do trabalho temporário. A contratação por interposta empresa também deve ser considerada legítima, pouco importando se em relação à atividade-fim ou meio, quando o trabalhador não tiver o seu trabalho dirigido pelo tomador dos serviços. Defende-se, portanto, uma nova redação do citado item I, que poderia ser a seguinte: *A contratação de trabalhadores por empresa interposta é ilegal, formando-se o vínculo diretamente com o tomador dos serviços, salvo no caso de trabalho temporário (Lei nº 6.019, de 03.01.1974) ou quando o trabalhador, em razão da singularidade de suas aptidões, não estiver submetido ao poder diretivo da empresa contratante de mão de obra terceirizada.*

Em suma, mesmo em um cenário normativo de ausência de autorização legal expressa – vivenciado no Brasil até março de 2017 –, já era possível autorizar a terceirização de atividades-fim. Para tanto, bastaria que a técnica do trabalhador se desenvolvesse de forma autônoma em relação ao que é realizado ordinariamente pela empresa em cujo processo presta seu serviço, sem que daí exsurja uma nova relação de emprego, e desde que o trabalhador não estivesse submetido ao poder diretivo da empresa contratante de mão de obra. Tal possibilidade parece se consolidar e permitir sua ampliação a partir da edição das Leis nºs 13.429/2017 e 13.467/2017, uma vez que não se vislumbra qualquer proibição constitucional, ainda que implícita, à terceirização das atividades-fim de uma atividade econômica, desde que respeitadas a moldura essencial de proteção ao trabalho e a dignidade do trabalhador.

---

[122] Item I da Súmula nº 331 do TST: "I – A contratação de trabalhadores por empresa interposta é ilegal, formando-se o vínculo diretamente com o tomador dos serviços, salvo no caso de trabalho temporário (Lei nº 6.019, de 03.01.1974)".

CAPÍTULO 7

A TERCEIRIZAÇÃO NA ADMINISTRAÇÃO PÚBLICA

Conforme narrado quando abordamos a evolução normativa do tema no Brasil, a Administração Pública também está autorizada a fazer uso da terceirização, a fim de melhor organizar o seu funcionamento, o que, aliás, exsurge como imperativo do princípio constitucional da eficiência. A depender do caso concreto, a terceirização pode permitir que a Administração aproveite melhor seu orçamento, alcançando melhores resultados com um volume menor de recursos. E isso não significa que os benefícios dela advindos, inclusive para a sociedade, tenham de prejudicar os trabalhadores. Terceirização lícita não é sinônimo de precarização do trabalho, nem mesmo de inevitável prejuízo para o trabalhador. Ao revés, a terceirização lícita deve ser encarada como um instituto capaz de garantir uma oportunidade de aprimoramento das relações de trabalho, tornando o desempenho da atividade de empresa mais eficiente em níveis internacionais, ampliando as oportunidades de trabalho e evitando o enorme êxodo de trabalhadores brasileiros, especialmente dos mais qualificados, que vem ocorrendo atualmente rumo a países com uma legislação trabalhista mais flexível, em direção a ordenamentos que prestigiam a eficiência no trabalho e a autonomia privada.

Contudo, há algumas peculiaridades a serem destacadas quando a contratação de mão de obra vier a ser feita para o desempenho de funções públicas. É que existem adicionais barreiras constitucionais intransponíveis, a impedir a terceirização em algumas situações.

Em primeiro lugar, é preciso lembrar que a Administração Pública é composta por pessoas jurídicas de direito público e de direito privado. Estas últimas estão autorizadas a fazer uso da contratação de trabalho temporário prevista na Lei nº 6.019/1974, nos mesmos moldes do que é realizado no âmbito da iniciativa privada (art. 173, §1º, II, da CRFB/88). As primeiras, por outro lado, poderão contratar temporariamente por tempo determinado, de acordo com o que previsto no art. 37, IX, da Constituição da República.[123]

No âmbito da Administração Pública, a contratação de trabalho temporário da Lei nº 6.019/1974 e a por tempo determinado prevista na Constituição da República não podem ser utilizadas de forma indiscriminada, sem que sejam identificadas as necessidades temporárias.[124] Por outro lado, o seu caráter temporário permite que elas sejam manejadas para suprir necessidades em relação a funções permanentes. É que uma necessidade temporária pode existir, ainda que a função objeto da contratação temporária seja de caráter

---

[123] Art. 37 [...] IX – a lei estabelecerá os casos de contratação por tempo determinado para atender a necessidade temporária de excepcional interesse público;

[124] No âmbito da jurisprudência, são vários os precedentes do Supremo Tribunal Federal, em que se afirma o requisito de demonstração da necessidade temporária de excepcional interesse público para que seja possível a contratação temporária (v.g. ADI nº 3.247, Rel. Min. Cármen Lúcia, Tribunal Pleno, julg. 26.03.2014; ADI nº 3.649, Rel. Min. Luiz Fux, Tribunal Pleno, julg. 28.05.2014, de cuja ementa se destaca: "Deveras, há circunstâncias que compelem a Administração Pública a adotar medidas de caráter emergencial para atender a necessidades urgentes e temporárias e que desobrigam, por permissivo constitucional, o administrador público de realizar um concurso público para a contratação temporária. [...] A contratação temporária, consoante entendimento desta Corte, unicamente poderá ter lugar quando: 1) existir previsão legal dos casos; 2) a contratação for feita por tempo determinado; 3) tiver como função atender a necessidade temporária, e 4) quando a necessidade temporária for de excepcional interesse público". Da mesma forma, já se assentou que a inconstitucionalidade de Lei instituída por ente-federativo na qual se autoriza a contratação temporária em hipóteses abrangentes e genéricas (RE nº 658.026, Rel. Min. Dias Toffoli, Tribunal Pleno, julg. 09.10.2014, de cuja ementa se destaca: "O conteúdo jurídico do art. 37, inciso IX, da Constituição Federal pode ser resumido, ratificando-se, dessa forma, o entendimento da Corte Suprema de que, para que se considere válida a contratação temporária, é preciso que: a) os casos excepcionais estejam previstos em lei; b) o prazo de contratação seja predeterminado; c) a necessidade seja temporária; d) o interesse público seja excepcional; e) a necessidade de contratação seja indispensável, sendo vedada a contratação para os serviços ordinários permanentes do Estado, e que devam estar sob o espectro das contingências normais da Administração. [...] É inconstitucional a lei municipal em comento, eis que a norma não respeitou a Constituição Federal. A imposição constitucional da obrigatoriedade do concurso público é peremptória e tem como objetivo resguardar o cumprimento de princípios constitucionais, dentre eles, os da impessoalidade, da igualdade e da eficiência. Deve-se, como em outras hipóteses de reconhecimento da existência do vício da inconstitucionalidade, proceder à correção da norma, a fim de atender ao que dispõe a Constituição Federal".

permanente.[125] A título de ilustração, caso exista uma necessidade temporária, admite-se a contratação por tempo determinado para a função de professor em uma universidade pública, função de nítido caráter permanente para o Estado.[126]

No entanto, a terceirização de mão de obra por tempo indeterminado, isto é, ausente a necessidade temporária, não pode ser utilizada para essas funções no âmbito da Administração Pública. Mas, por que razão um professor pode ser contratado temporariamente por uma universidade pública na hipótese de necessidade temporária – o que não deixa de ser uma terceirização – e a referida universidade não poderá terceirizar por tempo indeterminado a função de professor? Esse exemplo prova que a terceirização de atividade-fim é, há muito,

---

[125] Nesse sentido, há, ainda, precedentes do STF em que se assenta a possibilidade de contratação temporária para funções permanentes, desde que demonstrada a necessidade temporária de excepcional interesse público (ADI nº 3.068, Rel. para o acórdão Min. Eros Grau, Tribunal Pleno, julg. 28.08.2014, em cuja ementa consta: "O art. 37, IX, da Constituição do Brasil autoriza contratações, sem concurso público, desde que indispensáveis ao atendimento de necessidade temporária de excepcional interesse público, quer para o desempenho das atividades de caráter eventual, temporário ou excepcional, quer para o desempenho das atividades de caráter regular e permanente"). Entendimento semelhante também é encontrado no Superior Tribunal de Justiça (MS nº 20.335, Rel. Min. Benedito Gonçalves, Primeira Seção, julg. 22.04.2015).

[126] Entretanto, houve casos em que o STF afirmou a inconstitucionalidade da contratação temporária para projetos educacionais ordinários, por exemplo, mas por ali não identificar qualquer necessidade temporária (ADI nº 3.271, Rel. Min. Teori Zavascki, Tribunal Pleno, julg. 09.06.2016, em cuja ementa consta: "1. O artigo 37, IX, da Constituição exige complementação normativa criteriosa quanto aos casos de 'necessidade temporária de excepcional interesse público' que ensejam contratações sem concurso. Embora recrutamentos dessa espécie sejam admissíveis, em tese, mesmo para atividades permanentes da Administração, fica o legislador sujeito ao ônus de especificar, em cada caso, os traços de emergencialidade que justificam a medida atípica. 2. A Lei Complementar 22/2000, do Estado do Ceará, autorizou a contratação temporária de professores nas situações de 'a) licença para tratamento de saúde; b) licença gestante; c) licença por motivo de doença de pessoa da família; d) licença para trato de interesses particulares; e) cursos de capacitação; e f) e outros afastamentos que repercutam em carência de natureza temporária'; e para 'fins de implementação de projetos educacionais, com vistas à erradicação do analfabetismo, correção do fluxo escolar e qualificação da população cearense' (art. 3º, §único). 3. As hipóteses descritas entre as alíneas 'a' e 'e' indicam ocorrências alheias ao controle da Administração Pública cuja superveniência pode resultar em desaparelhamento transitório do corpo docente, permitindo reconhecer que a emergencialidade está suficientemente demonstrada. O mesmo não se pode dizer, contudo, da hipótese prevista na alínea 'f' do art. 3º da lei atacada, que padece de generalidade manifesta, e cuja declaração de inconstitucionalidade se impõe. 4. Os projetos educacionais previstos no parágrafo único do artigo 3º da LC 22/00 correspondem a objetivos corriqueiros das políticas públicas de educação praticadas no território nacional. Diante da continuada imprescindibilidade de ações desse tipo, não podem elas ficar à mercê de projetos de governo casuísticos, implementados por meio de contratos episódicos, sobretudo quando a lei não tratou de designar qualquer contingência especial a ser atendida").

admitida na Administração Pública sem maiores questionamentos, mas desde que seja feita por tempo determinado.

Em se tratando de terceirização por tempo indeterminado, a temática ganha em complexidade, especialmente em virtude de dois fatores: (i) existência de cargos e funções exclusivas de Estado e que são providas conforme o modelo constitucional; (ii) exigência constitucional do concurso público para o provimento de cargos efetivos e a contratação de emprego público.

Quanto ao primeiro ponto, não se pode cogitar da terceirização de funções que sejam estruturantes do Estado e que compreendam atividades exclusivas de Estado. Essa é uma relevante premissa a ser considerada. As funções desempenhadas por delegados, juízes, promotores, diplomatas, defensores públicos, auditores fiscais, oficiais do exército, por exemplo, não podem ser terceirizadas, já que sua prestação apenas pode se dar por agentes públicos que integrem e estejam presentes no próprio corpo estatal. Nesses casos, qualquer tipo de terceirização, ainda que de forma temporária, é inadmissível em um Estado de Direito. Alguns agentes públicos, como os já citados, exercem uma parcela do poder soberano estatal; ditam os rumos que o Estado seguirá. A atuação imparcial, firme e nuclear de algumas autoridades estatais impede que suas funções sejam exercidas por quem não faz parte da Administração Pública. É impensável, por exemplo, cogitar-se de um terceirizado desempenhando as funções de um juiz, promotor de justiça, defensor público, na medida em que a Constituição da República reservou a esses agentes públicos funções específicas que não podem ser executadas por particulares, mas apenas por aqueles que estejam, formal e materialmente, vinculados de forma direta ao corpo estatal.

Com relação às demais funções públicas que não sejam exclusivas de Estado, isto é, que possam, em tese, ser exercidas por particulares por não se referirem ao exercício de uma parcela do poder soberano estatal, há também outro obstáculo à terceirização no âmbito da Administração Pública: a exigência constitucional do concurso público (art. 37, II, da CRFB/88).

Com efeito, o requisito constitucional da realização de concurso público para o provimento de cargos e para a contratação de empregados públicos cria uma barreira intransponível para a terceirização das atividades típicas de cargos e empregos públicos existentes na Administração. A razão principal para tanto não é o fato de a terceirização causar uma suposta ofensa ao princípio da impessoalidade. Na realidade, o referido princípio também é observado quando uma empresa de intermediação de mão de obra (necessária na terceirização) sagra-se vencedora em uma licitação, por exemplo, na medida em que a sua escolha é feita de modo impessoal e isonômico com os concorrentes.

Em verdade, o real obstáculo para a terceirização é a circunstância de o provimento de cargos e de empregos depender da aprovação em concurso público, de modo que o feixe de atribuições a eles garantidos não pode ser realizado por quem é terceirizado, sob pena de burla à regra constitucional do concurso público. Caso a terceirização por tempo indeterminado pudesse substituir, de forma ordinária, agentes públicos concursados, o art. 37, II, da CRFB/88 teria sua densidade normativa esvaziada de maneira flagrantemente inconstitucional.

No âmbito da Administração, portanto, a terceirização não deve ser vulgarizada, principalmente em razão desses dois fundamentos principais. Contudo, é possível vislumbrar a possibilidade de terceirização em alguns casos.[127] Será válida, por exemplo, quando compreender funções que não estejam contempladas no rol de atividades previstas como integrantes do plexo de atribuições de cargos ou empregos públicos existentes.

Percebe-se, assim, que a terceirização de atividade-meio na Administração Pública é possível (casos em que poderá ser legítima),

---

[127] A dinamicidade e a complexidade da sociedade contemporânea exigem flexibilizações da rigidez do regime jurídico administrativo, que deve ser adaptado às necessidades mutáveis do interesse público, dentro do que a ordem jurídica constitucional admitir. Em uma tentativa de modernização e de uma nova gestão dos serviços públicos, cita-se a criação de novos institutos jurídicos administrativos, que buscam atrair também o setor privado para a gestão da coisa pública e a execução de atividades que busquem atender ao interesse público. É o caso, por exemplo, das Organizações Sociais – OS (instituídas pela Lei nº 9.637/1998), das Organizações da Sociedade Civil de Interesse Público – OSCIP (objeto da Lei nº 9.790/1999) e das Parcerias Público-Privadas (instituídas no plano federal pela Lei nº 11.079/2004). No plano internacional e mais especificamente sobre a terceirização de serviços públicos, há casos em que se optou pela privatização e terceirização da quase totalidade dos serviços públicos estatais, como o de Sandy Springs, cidade estadunidense localizada no Estado da Georgia. Apesar de relatos de que a medida representou incremento de eficiência e redução de custos orçamentários, medida semelhante no Brasil esbarraria em limites constitucionais como os aqui mencionados. Entretanto, é caso que leva à mais profunda reflexão sobre o alcance da atuação estatal, bem como as vantagens e desvantagens de seu redimensionamento.

não porque diga respeito a funções instrumentais ou acessórias. O que a torna efetivamente legítima é a sua utilização para suprir atribuições não compreendidas nas dos cargos e empregos públicos existentes. Geralmente, a Administração Pública não possui, na sua estrutura de pessoal, cargos efetivos ou empregos públicos com funções destinadas a atividades acessórias. É raro, por exemplo, depararmo-nos com uma pessoa jurídica da Administração Pública que tenha um plano de cargos ou de empregos públicos com previsão para vigilantes, seguranças, faxineiros, garçons e funções instrumentais semelhantes.

Mas, e se isso ocorrer? Seria possível a contratação terceirizada para o preenchimento de tais funções? Suponha-se que, na estrutura de um órgão público, exista o cargo efetivo de motorista. Por mais que se considere que esse cargo se refere a uma função de apoio ou instrumental, eventual terceirização não poderá comprometer a realização de concurso público para o provimento do cargo efetivo ou emprego público de motorista. A terceirização de motorista, nesse caso específico, seria inadmissível, porquanto impediria a concretização do desejo do Poder Executivo e do Legislador, que criaram os cargos efetivos ou empregos de motorista, para que essas funções fossem desempenhadas por agentes públicos concursados. Por isso é que a terceirização feita pela Administração Pública não pode alcançar funções previstas para cargos efetivos ou empregos públicos.

Por outro lado, caso o órgão não tivesse o cargo/carreira de motorista em seu plano de cargos, a Administração poderia, sem maiores dificuldades, contratar uma empresa de mão de obra para terceirizar a referida atividade. Conclui-se, portanto, que, para a terceirização feita pela Administração ser lícita, é mais importante saber se as funções a serem terceirizadas estão contempladas em cargos ou empregos já existentes do que apurar se ela é inerente a uma atividade-meio ou fim, até mesmo pela já defendida insuficiência desse critério.

E como fica em relação à atividade-fim no âmbito da Administração Pública? Pode ser terceirizada? Entende-se que, não se tratando de atividade exclusiva de Estado, uma função, ainda que não seja instrumental, poderá ser pontualmente terceirizada. Contudo, tal hipótese deve ser excepcional. Em se tratando de uma atividade-fim, o terceirizado precisaria realizar um trabalho de natureza singular e com notória especialização, à semelhança do que ocorre na contratação direta fundada na inexigibilidade de licitação,[128] não podendo suas tarefas estarem previstas no feixe de atribuições de cargos ou empregos já existentes na estrutura da pessoa jurídica para quem está prestando serviços.

Suponha-se, por exemplo, que uma empresa pública tenha sido criada para realizar obras públicas e que, no seu quadro, exista o emprego público de engenheiro civil. Por mais que realizar obras públicas faça parte da sua atividade-fim, pode ser que uma empresa de intermediação de mão de obra possua em seus quadros engenheiros com uma elevada *expertise* no gerenciamento e planejamento de obras específicas, de forma tal que sejam reconhecidos como os mais eficientes do mundo no tema. Como impedir que a Administração terceirize essa atividade? A terceirização, nesse caso, só não será permitida caso a empresa pública tenha, na sua estrutura, empregados públicos com um feixe de atribuições que permita a execução da tarefa pretendida com a mesma capacidade e especialização que o trabalhador terceirizado faria. Caso contrário, a terceirização, ainda que da atividade-fim, será válida, na medida em que não ofensiva à exigência do concurso público, e trará significativas vantagens para a empresa pública e, por conseguinte, para a própria sociedade; sempre de forma devidamente motivada e sujeita a controle público prévio e *a posteriori*.

O que é inadmissível é a vulgarização da terceirização da atividade-fim na Administração Pública, de modo a inviabilizar a efetividade da exigência constitucional do concurso público, especialmente quando a própria pessoa da Administração que faz uso da terceirização exerce poder diretivo sobre os terceirizados. Não é essa a terceirização cuja possibilidade aqui se defende. A terceirização, seja ela de atividade-meio ou fim, não pode compreender funções que estejam já previstas como típicas de cargos ou empregos públicos existentes na estrutura da pessoa jurídica da Administração Pública que está terceirizando a mão de obra. Por mais que não gere vínculo com a Administração, nos termos do item II da Súmula nº 331 do TST e do entendimento já

---

[128] Essa hipótese de inexigibilidade é prevista na Lei nº 8.666/1993, a partir de uma interpretação conjunta de seus arts. 13 e 25, II.

afirmado pelo STF,[129] a terceirização será ilícita, quando feita pela Administração Pública de forma não temporária e em hipóteses em que as atribuições dos terceirizados estão previstas para os empregos ou cargos efetivos já existentes,[130] os quais deverão ser preenchidos mediante a realização de concurso público, conforme determinação constitucional expressa (art. 37, II, da CRFB/88).

---

[129] Nesse sentido, rememora-se o que já foi afirmado sobre o que foi decidido pelo STF na ADC nº 16 (Rel. Min. Cezar Peluso, Tribunal Pleno, julg. 24.11.2010) e, mais recentemente, no RE nº 760.931 (Rel. para o acórdão Min. Luiz Fux, Tribunal Pleno, julg. 26.04.2017).

[130] Item II da Súmula nº 331 do TST: "II – A contratação irregular de trabalhador, mediante empresa interposta, não gera vínculo de emprego com os órgãos da Administração Pública direta, indireta ou fundacional (art. 37, II, da CF/1988)".

CAPÍTULO 8

A LEI BRASILEIRA DE TERCEIRIZAÇÃO: AS ALTERAÇÕES PROMOVIDAS PELAS LEIS Nº 13.429/2017 E Nº 13.467/2017

As Leis nºs 13.429 e 13.467, de 2017, foram publicadas no Brasil em meio a um intenso debate sobre os limites da terceirização de mão de obra. As duas modificaram a Lei nº 6.019/1974, de modo a prever que ela disponha sobre o regime das empresas prestadoras de serviços, inclusive com cessão de mão de obra. De um lado, são entrevistas por alguns como um elemento catalisador da precarização das relações de trabalho; de outro, identificadas como um mecanismo fundamental para a gestão eficiente da atividade empresarial. Nesse ambiente, o Estado brasileiro, ao legislar sobre a matéria, fez uma nítida opção. Boas ou ruins, as novas alterações legislativas introduziram um novo modelo jurídico para o trabalho que admite a contratação de mão de obra, ainda que por tempo indeterminado, para o que se entende por atividade-fim; a partir de uma interpretação legislativa das normas constitucionais potencialmente conflitantes.

A Lei nº 13.429 é uma lei de apenas três artigos. Os dois primeiros alteram a Lei nº 6.019/74, que, entre outros temas, disciplina o trabalho temporário das empresas urbanas. O terceiro artigo prevê, unicamente, que a lei entre em vigor na data da sua publicação. Seu art. 1º faz alterações específicas nas regras aplicáveis à contratação de trabalho temporário, uma forma de terceirização da mão de obra para aquelas necessidades transitórias. Já o seu art. 2º volta o olhar para a terceirização que mais origina polêmicas, qual seja, a que não ostenta um caráter temporário. As matérias que foram objeto de veto presidencial restringem-se, sem exceção, ao tema da contratação para trabalho temporário,[131] de modo que as regras legais alusivas à terceirização por tempo indeterminado aprovadas no Congresso foram integralmente sancionadas pelo Presidente da República.

Sem prejuízo de possuir poucos artigos, a Lei nº 13.429/2017 é responsável por ampliar substancialmente o alcance da Lei nº 6.019/1974, que passou a, além de disciplinar o trabalho temporário, cuidar da atividade laboral na empresa de prestação de serviços e nas respectivas tomadoras de serviço.

Por sua vez, a Lei nº 13.467/2017 fez profundas modificações na CLT e, sobre o tema da terceirização, promoveu alterações pontuais – mas relevantíssimas – na Lei nº 6.019/74 que serão apresentadas mais adiante.

A nova redação do art. 1º da Lei nº 6.019/1974 é a seguinte:

> Art. 1º As relações de trabalho na empresa de trabalho temporário, na empresa de prestação de serviços e nas respectivas tomadoras de serviço e contratante regem-se por esta Lei.

Nessa linha, para disciplinar a terceirização que não possui um caráter temporário, o art. 2º da Lei nº 13.429/2017 fez diversas alterações na Lei nº 6.019/1974. A título de ilustração, o art. 4º-A, *caput* e §1º, dessa última lei, estabelece que, para a terceirização ser lícita, a empresa prestadora dos serviços, isto é, a que fornece a mão de obra terceirizada, deve remunerar e dirigir o trabalho de seus empregados que executarão serviços determinados e específicos. Confira-se o dispositivo com a alteração promovida pela Lei nº 13.429:

---

[131] Foram vetadas as disposições das alterações que se queria fazer no §3º do art. 10, no parágrafo único do art. 11, além do art. 12, todos da Lei nº 6.019/1974. O primeiro dispositivo previa a possibilidade de alteração, mediante acordo ou convenção coletiva, do prazo máximo da contratação temporária, entretanto, foram apontadas as seguintes razões de veto: "Não se configura adequada a possibilidade de alteração do prazo máximo do contrato de trabalho temporário, de modo a evitar-se conflito entre esse regime contratual e o contrato por tempo indeterminado, preservando-se assim a segurança jurídica de ambas modalidades de contratação". Em relação aos outros dispositivos, foram elencados os seguintes fundamentos para o seu veto conjunto: "Não há razão lógica ou jurídica para o dispositivo, já que os direitos elencados nas alíneas 'a' a 'h' estão assegurados na Constituição, em seu artigo 7º, não se configurando adequada a proposta que admite limitação a esses direitos, recomendando-se sua manutenção e, por conseguinte, o veto ao dispositivo sob sanção. Por arrasto, impõe-se veto ao artigo 11 do projeto de lei".

Art. 4º-A. Empresa prestadora de serviços a terceiros é a pessoa jurídica de direito privado destinada a prestar à contratante serviços determinados e específicos.

§1º A empresa prestadora de serviços contrata, remunera e dirige o trabalho realizado por seus trabalhadores, ou subcontrata outras empresas para realização desses serviços.

Pouco tempo após a entrada em vigor do *caput* do art. 4º-A, o referido dispositivo foi alterado pela Lei nº 13.467 para expressamente mencionar que a terceirização pode alcançar qualquer atividade, inclusive a principal, ficando com o seguinte teor:

Art. 4º-A. Considera-se prestação de serviços a terceiros a transferência feita pela contratante da execução de quaisquer de suas atividades, inclusive sua atividade principal, à pessoa jurídica de direito privado prestadora de serviços que possua capacidade econômica compatível com a sua execução.

Esse é um ponto a ser destacado. Não há mais dúvidas quanto à vontade do legislador de autorizar a terceirização da atividade principal,[132][133] nem mesmo da ideia de que a relação de emprego com a empresa contratante poderá surgir, caso o trabalho do terceirizado

---

[132] A alteração, promovida pela Lei nº 13.467, da redação do art. 5º-A da Lei nº 6.019 corrobora a intenção do Legislador de admitir a terceirização da atividade principal (fim), *verbis*: "Art. 5º-A. Contratante é a pessoa física ou jurídica que celebra contrato com empresa de prestação de serviços relacionados a quaisquer de suas atividades, inclusive sua atividade principal. (Redação dada pela Lei nº 13.467, de 2017)".

[133] As alterações promovidas pela Lei nº 13.429 na Lei nº 6.019 não fizeram desparecer as dúvidas sobre a possibilidade de a terceirização alcançar a atividade-fim. Só com a edição da Lei nº 13.467 é que se tornou indiscutível, do ponto de vista do direito positivo, a viabilidade de terceirização de qualquer atividade da contratante de mão de obra, seja ela principal ou não. Tanto é que, em parecer lançado na ADPF nº 324, o Relator Ministro Roberto Barroso e o então Procurador-Geral da República, Dr. Rodrigo Janot Monteiro de Barros consideraram que a Lei nº 13.429 não teria permitido a terceirização de atividade-fim ou modificado a lógica da Súmula nº 331 do TST. Confira-se a seguinte passagem de fls. 2 e 3 do parecer: "O dispositivo limita-se a conceituar a empresa prestadora de 'serviços determinados e específicos', expressão cuja indeterminação de sentido desautoriza franquear a prática da terceirização na atividade-fim das empresas, porquanto não altera a ordem trabalhista acerca do tema e mantém incólume a interpretação cristalizada na Súmula nº 331 do TST. Evidência disso se extrai do §3º do art. 9º da Lei nº 6.019/1974, também inserido pela legislação impugnada. Este, ao disciplinar de forma específica o contrato de *trabalho temporário*, expressamente autorizou seu uso no 'desenvolvimento de atividade-meio e de atividades-fim da empresa tomadora de serviços', sem estender tal autorização à prestação de serviços (a terceirização)."

seja dirigido/comandado pela própria contratante. Se o que justifica a terceirização, ainda que para a atividade-fim, é essencialmente o conhecimento especializado do trabalhador que não faz parte do quadro de pessoal da contratante, é imperioso que o modo de realizar o seu trabalho não seja orientado/determinado pela contratante. Exige-se legalmente, portanto, que o trabalho do terceirizado seja dirigido pelo seu empregador, e não pela empresa contratante da sua mão de obra. Caso contrário, poderá surgir uma relação de emprego direta com a tomadora dos serviços. Nessa mesma linha de raciocínio, o terceirizado não pode ser utilizado, tal como o empregado pode, para toda e qualquer atividade profissional. O escopo de atuação do trabalhador terceirizado é específico e identificado no contrato firmado entre a empresa contratante e a prestadora de serviços.

Outra novidade para a terceirização foi a exigência de a empresa de prestação de serviços ter um capital social mínimo, o que é imposto pelo art. 4º-B, III, da Lei nº 6.019/1974, *verbis*:

> Art. 4º-B. São requisitos para o funcionamento da empresa de prestação de serviços a terceiros: [...]
> III – capital social compatível com o número de empregados, observando-se os seguintes parâmetros:
> a) empresas com até dez empregados – capital mínimo de R$10.000,00 (dez mil reais);
> b) empresas com mais de dez e até vinte empregados – capital mínimo de R$25.000,00 (vinte e cinco mil reais);
> c) empresas com mais de vinte e até cinquenta empregados – capital mínimo de R$45.000,00 (quarenta e cinco mil reais);
> d) empresas com mais de cinquenta e até cem empregados – capital mínimo de R$100.000,00 (cem mil reais); e
> e) empresas com mais de cem empregados – capital mínimo de R$250.000,00 (duzentos e cinquenta mil reais).

O nítido objetivo dessa exigência de capital social mínimo é o de evitar que a responsabilidade por encargos trabalhistas seja transferida para a empresa que se utiliza da mão de obra terceirizada. A ideia inspiradora da citada norma é a de que quanto maior for o capital social, menor, em princípio, a possibilidade de a contratante responder subsidiariamente pelos encargos trabalhistas não pagos pela empresa de mão de obra, e menor será o risco de o trabalhador não ver o seu crédito satisfeito.

Sob a perspectiva do princípio constitucional da livre-iniciativa, um dos fundamentos do Estado Democrático de Direito e da ordem econômica brasileira, não há qualquer reparo a ser feito na exigência. A atividade empresarial privada, fruto da autonomia da vontade, pode ser realizada livremente, nos termos da lei, e não houve qualquer exigência desproporcional capaz de inviabilizar o seu desempenho. É razoável, por exemplo, que uma empresa com até dez empregados tenha um capital social mínimo de dez mil reais, assim como é proporcional que uma sociedade com mais de cem empregados tenha um capital social de duzentos e cinquenta mil reais.[134]

O obstáculo, contudo, é outro. O que é o capital social e qual o seu papel? O capital social é considerado o conjunto de recursos necessários para a sociedade dar início às suas atividades. No dizer de Fábio Ulhoa Coelho, "o capital social pode ser entendido [...] como uma medida da contribuição dos sócios para a sociedade [...], e acaba servindo, em certo modo, de referência à sua força econômica".[135]

Por mais que o capital social possa fazer presumir a capacidade garantidora de uma sociedade empresarial, ele não é o elemento que a define. Pode ser que o capital social seja bem elevado, muito superior a duzentos e cinquenta mil reais, e que, mesmo assim, haja um passivo gigantesco, fruto de uma atividade empresarial deficitária que não consegue produzir riqueza e incremento de patrimônio. Sobre o tema, Fábio Ulhoa Coelho destaca que:

> Muitas vezes se atribui ao capital social a função de garantia dos credores, o que não é correto. A exemplo do que se verifica relativamente

---

[134] No ordenamento jurídico brasileiro, especialmente no âmbito do direito empresarial societário, destaca-se a existência da previsão legal de capital mínimo para a constituição de uma Empresa Individual de Responsabilidade Limitada – EIRELI, em relação à qual o art. 980-A do Código Civil de 2002 estabelece a necessidade de um capital social devidamente integralizado e que não será inferior a 100 (cem) vezes o maior salário-mínimo vigente no País. Destaca-se que essa previsão é objeto de impugnação de inconstitucionalidade junto ao Supremo Tribunal Federal na ADI nº 4.637, ainda não julgada. A ação foi ajuizada pelo Partido Popular Socialista (PPS), sob a alegação de que a previsão de capital mínimo representaria desincentivo a pequenos empreendedores, arguindo-se a inconstitucionalidade por violação ao art. 7º, IV, da CRFB/88, que veda a utilização do salário-mínimo como indexador de vinculação para qualquer fim. O pedido conta com manifestações desfavoráveis da Advocacia-Geral da União e da Procuradoria-Geral da República. A ação tramita sob a relatoria do Ministro Gilmar Mendes, tendo já sido liberada para pauta em 22.11.2016.

[135] COELHO, Fábio Ulhoa. *Curso de direito comercial*. Sociedades. 15. ed. São Paulo: Saraiva, 2011, p. 181.

a qualquer sujeito de direito devedor, é o patrimônio da sociedade que constitui tal garantia. Se ela não paga uma obrigação, o credor pode executar os bens de sua propriedade, sendo, por tudo, irrelevante o maior ou menor capital social.[136]

Por essas razões, a lei teria feito melhor se, em lugar de considerar exclusivamente o capital social como responsável pelo fortalecimento da empresa prestadora de serviços a terceiros, também tivesse exigido um mínimo de patrimônio ou de desempenho econômico da prestadora de serviço. É que essa seria medida mais adequada às finalidades a que se visava. Nesse aspecto, é boa a referência contida no art. 4º-A, com a redação dada pela Lei nº 13.467/2017, no sentido de que a empresa de mão de obra deve possuir capacidade econômica compatível com o serviço a ser executado.[137] Regra muito mais eficiente do que aquela que exige um capital social mínimo.

Outra preocupação da lei de terceirização foi com a necessidade de se assegurar aos terceirizados que *executem suas tarefas nas dependências da tomadora do serviço*, os mesmos direitos que os empregados possuem em relação à alimentação, utilização de transporte, atendimento médico ou ambulatorial, treinamento, bem como no que concerne às condições sanitárias, de proteção à saúde, segurança no trabalho e quanto às instalações para a prestação do serviço. Existindo um número expressivo de funcionários terceirizados, isto é, em quantidade igual ou superior a 20% dos empregados da empresa contratante da mão de obra, esta última poderá disponibilizar aos terceirizados os serviços de alimentação e atendimento ambulatorial em outros locais apropriados e com igual padrão de atendimento.

No que diz respeito aos salários dos terceirizados e direitos não previstos no art. 4º-C, há previsão de que a empresa contratante e a contratada poderão estipular que o salário seja equivalente ao pago aos empregados da tomadora, bem como a garantia a outros direitos não contemplados expressamente na lei. Uma regra salutar, porquanto estimula a isonomia mais ampla possível entre

---

[136] *Ibidem*, 181.
[137] Art. 4º-A. Considera-se prestação de serviços a terceiros a transferência feita pela contratante da execução de quaisquer de suas atividades, inclusive sua atividade principal, à pessoa jurídica de direito privado prestadora de serviços que possua capacidade econômica compatível com a sua execução. (Redação dada pela Lei nº 13.467, de 2017)

o terceirizado e o empregado, evitando a criação de um ambiente de terceirização voltado para a precarização do trabalho. Vejamos o que dispõe o art. 4º-C com a redação dada pela Lei nº 13.467/17:

> Art. 4º-C. São asseguradas aos empregados da empresa prestadora de serviços a que se refere o art. 4º-A desta Lei, quando e enquanto os serviços, que podem ser de qualquer uma das atividades da contratante, forem executados nas dependências da tomadora, as mesmas condições:
> I – relativas a:
> a) alimentação garantida aos empregados da contratante, quando oferecida em refeitórios;
> b) direito de utilizar os serviços de transporte;
> c) atendimento médico ou ambulatorial existente nas dependências da contratante ou local por ela designado;
> d) treinamento adequado, fornecido pela contratada, quando a atividade o exigir.
> II – sanitárias, de medidas de proteção à saúde e de segurança no trabalho e de instalações adequadas à prestação do serviço.
> §1º Contratante e contratada poderão estabelecer, se assim entenderem, que os empregados da contratada farão jus a salário equivalente ao pago aos empregados da contratante, além de outros direitos não previstos neste artigo.
> §2º Nos contratos que impliquem mobilização de empregados da contratada em número igual ou superior a 20% (vinte por cento) dos empregados da contratante, esta poderá disponibilizar aos empregados da contratada os serviços de alimentação e atendimento ambulatorial em outros locais apropriados e com igual padrão de atendimento, com vistas a manter o pleno funcionamento dos serviços existentes.

Sob outro enfoque, o trabalhador terceirizado não pode ser um funcionário a ser utilizado para as mais diversas demandas de trabalho. O §1º do art. 5º-A da Lei nº 6.019 fixa um oportuno limite material para a terceirização, uma baliza que considera o objeto do trabalho contratado. O terceirizado só pode realizar aquilo que estiver estipulado no contrato que ampara a terceirização, *verbis*:

> §1º É vedada à contratante a utilização dos trabalhadores em atividades distintas daquelas que foram objeto do contrato com a empresa prestadora de serviços.

Ainda quanto a esse aspecto, ao permitir a prestação de serviços determinados e específicos, a lei não se preocupa em vedar a terceirização de atividade-fim.

Quanto ao local em que o terceirizado executará suas tarefas, fez bem a lei ao permitir que ele trabalhe nas dependências da contratante ou em outro local de comum acordo entre as partes. Nesse sentido é a previsão do §2º de seu art. 5º-A ("Os serviços contratados poderão ser executados nas instalações físicas da empresa contratante ou em outro local, de comum acordo entre as partes").

Em tempos de céleres e sucessivas inovações tecnológicas, nos quais tem se impulsionado o trabalho remoto, não é lógico proibir que o terceirizado exerça suas atividades nas dependências da empresa contratante. O que não deve ocorrer é a empresa contratante dirigir de forma direta os trabalhos do terceirizado ou utilizá-lo em funções diversas daquelas mencionadas no contrato. Tais violações poderiam, em tese, acontecer, ainda que o trabalhador não circulasse pelo prédio da contratante. Eventual proibição de trabalho nas dependências da contratante seria inútil para impedir o exercício do poder diretivo pela empresa contratante em relação aos terceirizados, na medida em que os recursos tecnológicos permitem o comando à distância. A rigor, a indesejada direção do trabalho do terceirizado de forma direta pela empresa contratante independe do local físico em que o terceirizado esteja trabalhando. Sob outro enfoque, o terceirizado pode ter de interagir diariamente com os empregados da contratante para executar o seu trabalho e ter de utilizar equipamentos e materiais encontrados nas dependências da contratante.

No que diz respeito às condições do local de trabalho em que o terceirizado trabalhará, o §3º do art. 5º-A prescreve que a empresa contratante é responsável por garantir a segurança, higiene e salubridade dos trabalhadores.[138] Assim, dentro ou fora das dependências da empresa contratante, ela será responsável pela segurança do ambiente de trabalho, nos mesmos moldes do que ocorre em relação aos seus empregados. E nem poderia ser diferente, na medida em que o risco da atividade deve ser assumido por quem dela tira o maior proveito econômico, pouco importando a natureza do vínculo do trabalho: se de emprego ou não.

---

[138] §3º É responsabilidade da contratante garantir as condições de segurança, higiene e salubridade dos trabalhadores, quando o trabalho for realizado em suas dependências ou local previamente convencionado em contrato.

Uma das maiores polêmicas envolvendo o tema da terceirização de mão de obra diz respeito ao *tratamento diferenciado entre o empregado e o terceirizado quanto aos benefícios assegurados*, especialmente em matéria de saúde e alimentação, quando os terceirizados não executarem os serviços nas dependências da tomadora. Em relação aos trabalhadores temporários, a Lei nº 6.019/1974, com a nova redação dada pela Lei nº 13.429/2017, estipulou a obrigatoriedade de a empresa contratante da mão de obra estender ao trabalhador da empresa de trabalho temporário o mesmo atendimento médico, ambulatorial e de refeição. Nesse sentido são as disposições de seu art. 9º, §2º, veja-se:

> Art. 9º O contrato celebrado pela empresa de trabalho temporário e a tomadora de serviços será por escrito, ficará à disposição da autoridade fiscalizadora no estabelecimento da tomadora de serviços e conterá: [...]
> §2º A contratante *estenderá* ao trabalhador da empresa de trabalho temporário o mesmo atendimento médico, ambulatorial e de refeição destinado aos seus empregados, existente nas dependências da contratante, ou local por ela designado.

No entanto, quando a Lei nº 6.019/1974 regulou o tema em relação aos terceirizados por tempo indeterminado *que não trabalhem nas dependências da tomadora*, não obrigou a empresa contratante a estender os benefícios de seus empregados aos terceirizados,[139] mas apenas permitiu que isso ocorresse. Confira-se a redação do art. 5º-A, §4º, sobre o tema:

> §4º A contratante poderá estender ao trabalhador da empresa de prestação de serviços o mesmo atendimento médico, ambulatorial e de refeição destinado aos seus empregados, existente nas dependências da contratante, ou local por ela designado.

Não se enxerga, desse modo, previsão de dois pesos e duas medidas. Os terceirizados de forma temporária têm os mesmos

---

[139] Consoante anteriormente destacado, se os terceirizados trabalharem nas dependências da empresa contratante de mão de obra, serão regidos pelo art. 4º-C da Lei nº 6.019 e, assim, terão os mesmos direitos que os assegurados aos empregados em relação à alimentação, utilização de transporte, atendimento médico ou ambulatorial, treinamento, bem como no que concerne às condições sanitárias, de proteção à saúde, segurança no trabalho e quanto às instalações para a prestação do serviço.

direitos que os empregados em matéria de atendimento médico, ambulatorial e de refeição, mas, para os terceirizados por tempo indeterminado que não trabalhem nas dependências da tomadora, existe a mera possibilidade de que a uniformidade dos benefícios ocorra. Nas duas situações, a do trabalhador temporário e a do terceirizado por tempo indeterminado fora das dependências da tomadora, não há vínculo direto de emprego do terceirizado com a empresa contratante da mão de obra. Contudo, o trabalhador temporário faz, em linhas gerais, o mesmo que o empregado faria, mas em uma situação provisória, temporária, esporádica ou complementar de trabalho. Parece justo, portanto, que tenha os mesmos direitos que o empregado direto em relação ao atendimento médico, ambulatorial e de refeição. Com relação ao terceirizado que trabalha nas dependências da tomadora, é justificável assegurar-lhe os mesmos direitos que os garantidos aos empregados da contratante de mão de obra em matéria de alimentação, tratamento ambulatorial e demais previstos no art. 4º-C da Lei nº 6.019, porquanto ambos trabalham e convivem no mesmo ambiente de trabalho.

De modo distinto, o terceirizado por tempo indeterminado que não trabalha nas dependências da tomadora não realiza, ou ao menos não deveria, o mesmo trabalho que o empregado e nem mesmo está sujeito ao poder diretivo da empresa contratante. Por que razão deveria ter os mesmos direitos que os empregados da empresa contratante? A possível diferença de tratamento justifica-se pela diversidade de funções e regimes. A empresa contratante não pode ser obrigada a assegurar ao terceirizado não temporário que sequer trabalha nas suas dependências os mesmos direitos que seus empregados possuem em matéria de atendimento médico, ambulatorial e de refeição. O terceirizado não temporário não substitui ou complementa o trabalho realizado pelo empregado da contratante tomadora de serviços. Ele, sem estar subordinado aos comandos da empresa contratante, realiza atividade singular, em razão de sua *expertise*. Fica, portanto, sujeito a regime jurídico distinto, o que torna legítima a faculdade de extensão prevista no art. 5º-A, §4º, acima transcrito.

No campo da *responsabilidade pelas obrigações trabalhistas*, a Lei nº 6.019/1974 passou a prever, no seu art. 5º-A, §5º, o que, em regra, já é adotado pelos Tribunais:[140] a empresa contratante da mão de obra terceirizada só terá, no máximo, uma responsabilidade subsidiária pelas obrigações trabalhistas. Confira-se o citado dispositivo legal:

> Art. 5º-A. [...] §5º A empresa contratante é subsidiariamente responsável pelas obrigações trabalhistas referentes ao período em que ocorrer a prestação de serviços, e o recolhimento das contribuições previdenciárias observará o disposto no art. 31 da Lei nº 8.212, de 24 de julho de 1991.

Assim, caso o patrimônio da empregadora dos terceirizados não seja suficiente, a responsabilidade pelos encargos trabalhistas não pagos será direcionada para a empresa tomadora dos serviços. Uma dinâmica focada na proteção do trabalhador, a fim de que seus créditos trabalhistas sejam honrados por quem, de alguma forma, beneficia-se empresarialmente de seu esforço de trabalho.

No caso específico da responsabilidade subsidiária na terceirização feita pela Administração Pública, há uma peculiaridade resultante da existência de regra específica sobre a matéria na Lei nº 8.666/1993. O STF teve, inclusive, a oportunidade de, em 2017, revisitar o tema da responsabilidade subsidiária da Administração Pública pelos encargos trabalhistas não pagos por empresas intermediadoras de mão de obra quando do julgamento RE nº 760.931/DF,[141] processo apreciado sob a sistemática da Repercussão

---

[140] Súmula nº 331 do TST: "[...] IV – O inadimplemento das obrigações trabalhistas, por parte do empregador, implica a responsabilidade subsidiária do tomador dos serviços quanto àquelas obrigações, desde que haja participado da relação processual e conste também do título executivo judicial. V – Os entes integrantes da Administração Pública direta e indireta respondem subsidiariamente, nas mesmas condições do item IV, caso evidenciada a sua conduta culposa no cumprimento das obrigações da Lei n.º 8.666, de 21.06.1993, especialmente na fiscalização do cumprimento das obrigações contratuais e legais da prestadora de serviço como empregadora. A aludida responsabilidade não decorre de mero inadimplemento das obrigações trabalhistas assumidas pela empresa regularmente contratada. VI – A responsabilidade subsidiária do tomador de serviços abrange todas as verbas decorrentes da condenação referentes ao período da prestação laboral".

[141] STF. Plenário. Rel. Min. Rosa Weber, Rel. para o acórdão Min. Luiz Fux. RE nº 760931, julg. 30.03.2017, DJE, 04 abr. 2017. A tese da Repercussão Geral foi fixada em 26.04.2017, nos seguintes termos: "O inadimplemento dos encargos trabalhistas dos empregados do contratado não transfere automaticamente ao Poder Público contratante a responsabilidade pelo seu pagamento, seja em caráter solidário ou subsidiário, nos termos do art. 71, §1º, da Lei nº 8.666/93". A votação foi apertada, tendo prevalecido o voto do ministro Luiz Fux, que foi acompanhado pelos ministros Marco Aurélio, Dias Toffoli, Gilmar Mendes, Cármen Lúcia (Presidente) e Alexandre de Moraes. Vencidos os Ministros Rosa Weber (Relatora), Edson Fachin, Roberto Barroso, Ricardo Lewandowski e Celso de Mello.

Geral. A tese vencedora no referido processo foi a inaugurada pelo Min. Luiz Fux. Com amparo no que já decidido na ADC 16,[142] o citado ministro votou no sentido da impossibilidade de, por força do art. 71, §1º, da Lei nº 8.666/93,[143] transferir-se automaticamente a responsabilidade subsidiária pelos encargos trabalhistas para a Administração Pública contratante.

Assim, a regra aplicável à Administração Pública demanda, para que haja responsabilidade subsidiária da Administração contratante, um esforço probante do empregado de que a tomadora do serviço terceirizado (Administração) não fiscalizou o cumprimento das obrigações trabalhistas. Por outro lado, quando o tomador da mão de obra terceirizada não for pessoa integrante da Administração, sua responsabilidade subsidiária será automática e independerá de qualquer demonstração da ausência de fiscalização quanto ao cumprimento da legislação do trabalho pela empresa que cede os terceirizados.

O ordenamento jurídico brasileiro dificulta, portanto, a responsabilidade subsidiária da Administração Pública e facilita a transferência de responsabilidade, de forma subsidiária, para as empresas que contratam terceirizados. Nesse cenário, o ideal seria, ao menos, estender a regra do art. 5º-A, §5º, da Lei nº 6.019/1974 para as empresas públicas e sociedades de economia mista que explorem uma atividade econômica em regime de concorrência. Por mais que também integrem a Administração Pública, e, portanto, estejam, em princípio, agasalhadas pelo art. 71, §1º, da Lei nº 8.666/1993, a atuação concorrencial impede-as, nos termos do art. 173, §1º, II,

---

[142] Na referida ADC nº 16, o STF decidiu pela constitucionalidade do art. 71, §1º, da Lei nº 8.666/93, nos termos da seguinte ementa: "EMENTA: *RESPONSABILIDADE CONTRATUAL. Subsidiária. Contrato com a administração pública. Inadimplência negocial do outro contraente. Transferência consequente e automática dos seus encargos trabalhistas, fiscais e comerciais, resultantes da execução do contrato, à administração. Impossibilidade jurídica. Consequência proibida pelo art., 71, §1º, da Lei federal nº 8.666/93. Constitucionalidade reconhecida dessa norma. Ação direta de constitucionalidade julgada, nesse sentido, procedente. Voto vencido.* É constitucional a norma inscrita no art. 71, §1º, da Lei federal nº 8.666, de 26 de junho de 1993, com a redação dada pela Lei nº 9.032, de 1995".

[143] Art. 71, §1º, da Lei nº 8.666/93: "§1º A inadimplência do contratado, com referência aos encargos trabalhistas, fiscais e comerciais não transfere à Administração Pública a responsabilidade por seu pagamento, nem poderá onerar o objeto do contrato ou restringir a regularização e o uso das obras e edificações, inclusive perante o Registro de Imóveis. (Redação dada pela Lei nº 9.032, de 1995)".

da Constituição da República, de terem um regime jurídico mais benéfico e diverso daquele dispensado às empresas privadas. Se estas últimas respondem subsidiariamente pelos encargos trabalhistas não pagos pelas empresas de mão de obra terceirizada, por que a responsabilidade subsidiária das empresas públicas e sociedades de economia mista que concorrem com particulares seria dificultada? Nada justifica essa distinção.

Em relação às cláusulas obrigatórias no contrato de prestação de serviços por terceirizados, o art. 5º-B da Lei nº 6.019/1974 estabelece, apenas, a necessidade de que nele constem a qualificação das partes, a especificação do serviço a se realizar, o prazo de sua realização, quando se tratar de prestação por tempo determinado, e o valor do contrato. Depreende-se do texto legal que não há exigências desarrazoadas para a formalização do contrato de prestação de serviços. Partes contratantes, objeto da contratação, duração contratual, se for o caso, e valor são informações indispensáveis para se conhecer o que está sendo terceirizado. O que deve ser destacado é que a lei não apresentou qualquer restrição quanto ao objeto da contratação; exigiu-se, unicamente, a identificação da atividade material a ser terceirizada, pouco importando sua natureza: se atividade-fim ou atividade-meio.

O curioso é que, quando a Lei nº 6.019/1974, com a redação dada pela Lei nº 13.429/2017, cuidou da terceirização temporária, previu, expressamente, a possibilidade de o trabalho temporário atingir tanto a atividade-meio quanto a atividade-fim.[144] Aliás, quanto ao trabalho temporário, o permissivo quanto à atividade-fim não revela qualquer novidade, pois o item I da Súmula nº 331 do TST já permitia isso, ao dispor que "I – A contratação de trabalhadores por empresa interposta é ilegal, formando-se o vínculo diretamente com o tomador dos serviços, salvo no caso de trabalho temporário (Lei nº 6.019, de 03.01.1974)".

É bem verdade que a referida lei não fez a mesma referência expressa no caso da terceirização por tempo indeterminado, o que só ocorreu com o advento da Lei nº 13.467/2017. Será que a referida

---

[144] "§3º O contrato de trabalho temporário pode versar sobre o desenvolvimento de atividades-meio e atividades-fim a serem executadas na empresa tomadora de serviços."

omissão revelaria um silêncio eloquente, a fim de que não se permita a terceirização da atividade-fim quando ela não for temporária? Pensamos que não.[145] É que a despeito de a Lei nº 13.429 não ter feito menção expressa à possibilidade de terceirização da atividade-fim no caso de se dar por tempo indeterminado, é ilógico permiti-la na contratação de trabalho temporário e vedá-la neste último caso.

No caso do trabalho temporário, a terceirização resulta de uma necessidade temporária que pode compreender funções inerentes à atividade-fim, independentemente de qualquer singularidade do trabalhador terceirizado. A terceirização temporária não depende de uma notória especialização, singularidade técnica ou organizacional daquele que trabalha temporariamente. Aliás, no âmbito do direito administrativo, existe a contratação temporária prevista no art. 37, IX, da Constituição da República que também é admitida nos casos que os tribunais denominam de "função permanente". Vale dizer, ainda que a função seja permanente do Estado, a contratação temporária pela Administração poderá ocorrer, caso a necessidade seja temporária. Confira-se a compreensão do STF sobre a matéria:

> AÇÃO DIRETA DE INCONSTITUCIONALIDADE. ART. 2º, INC. VII, DA LEI 6.915/1997 DO ESTADO DO MARANHÃO. CONTRATAÇÃO DE PROFESSORES POR TEMPO DETERMINADO. INTERPRETAÇÃO E EFEITO DAS EXPRESSÕES "NECESSIDADE TEMPORÁRIA" E "EXCEPCIONAL INTERESSE PÚBLICO". POSSIBILIDADE DE CONTRATAÇÃO TEMPORÁRIA PARA SUPRIR ATIVIDADES PÚBLICAS DE NATUREZA PERMANENTE. TRANSITORIEDADE CARACTERIZADA. PARCIAL PROVIMENTO DA AÇÃO. 1. A natureza permanente de algumas atividades públicas – como as desenvolvidas nas áreas da saúde, educação e segurança pública – não afasta, de plano, a autorização constitucional para contratar servidores destinados a suprir demanda eventual ou passageira. Necessidade

---

[145] Em sentido contrário, o então Procurador-Geral da República Dr. Rodrigo Janot Monteiro de Barros sustentou, às fls. 2, 3 e 5, de parecer na ADPF nº 324 que a Súmula nº 331 do TST, que veda a terceirização de atividade-fim, continua plenamente eficaz: "Evidência disso se extrai do §3º do art. 9º da Lei nº 6.019/1974, também inserido pela legislação impugnada. Este, ao disciplinar de forma específica o contrato de trabalho temporário, expressamente autorizou seu uso no 'desenvolvimento de atividade-meio e de atividades-fim da empresa tomadora de serviços', sem estender tal autorização à prestação de serviços (a terceirização). [...] a Lei nº 13.429/2017 não autoriza terceirização nas atividades-fim das empresas, o que mais se revela diante da imediata iniciativa de membros da Câmara dos Deputados de propor alteração da Lei nº 13.429/2017, a fim de mencionar expressamente a possibilidade da terceirização em qualquer atividade empresarial".

circunstancial agregada ao excepcional interesse público na prestação do serviço para o qual a contratação se afigura premente autoriza a contratação nos moldes do art. 37, inc. IX, da Constituição da República. 2. A contratação destinada a atividade essencial e permanente do Estado não conduz, por si, ao reconhecimento da alegada inconstitucionalidade. Necessidade de exame sobre a transitoriedade da contratação e a excepcionalidade do interesse público que a justifica. 3. Ação direta de inconstitucionalidade julgada parcialmente procedente para dar interpretação conforme à Constituição.[146]

No âmbito privado, ainda que o trabalho ocorra por tempo indeterminado, é possível, na linha do que aqui já afirmado, cogitar-se também da terceirização de atividades-fim. A empresa contratante pode precisar de trabalhadores que realizem, com natureza singular ou notoriedade técnica, atividades do seu objeto social, mas que façam parte do quadro de funcionários da empresa prestadora de serviços. E não se entende que a Lei nº 6.019/1974 vede esse tipo de terceirização, uma vez que não exige que tudo o que diga respeito à atividade-fim da empresa contratante seja realizado pelos seus próprios empregados.

Aliás, com as modificações introduzidas pela Lei nº 13.467/2017 na Lei nº 6.019/74, já não há mais dúvidas de que o Poder Legislativo pretendeu, e agora de forma expressa, autorizar a terceirização não só da atividade-meio, como também da atividade-fim, também chamada de atividade principal. E o entendimento contrário, por meio de uma compreensão que proibisse a terceirização da atividade principal, nem seria viável nos dias de hoje em diversos setores empresariais.

Uma companhia aérea pode, por exemplo, depender do trabalho executado por um funcionário de outra companhia prestadora de serviços que seja um dos melhores do mundo na checagem de peças do motor das aeronaves. Ausente a subordinação e o poder diretivo da companhia aérea em relação a esse funcionário ou ao grupo de trabalhadores terceirizados de alto rendimento na sua profissão, nada justifica que sejam considerados empregados da contratante.

Como já assentado, até mesmo do ponto de vista do trabalhador, essa limitação pode ser prejudicial ao seu desejo de ser

---

[146] ADI nº 3.247, Rel. Min. Cármen Lúcia, Tribunal Pleno, julg. 26.03.2014, *DJe*, 18 ago. 2014.

considerado empregado apenas da empresa que terceiriza sua mão de obra, e não da contratante. O que parece não dever ser admitido, ainda que ausente regra legal proibitiva expressa, é o exercício de poder diretivo da empresa contratante de forma direta, técnica e hierárquica em relação ao terceirizado, sem que haja, por exemplo, qualquer singularidade das aptidões do profissional terceirizado prestador do serviço.

Com o intuito de evitar uma vulgarização da substituição do vínculo formal de emprego pela terceirização, a Lei nº 13.467 também apresenta uma razoável limitação concernente à contratação de pessoas jurídicas cujos titulares ou sócios tenham, nos últimos dezoito meses, trabalhado na tomadora como empregado ou mesmo sem vínculo de emprego, ressalvada a situação daquele que for aposentado. Confira-se a redação do art. 5º-C introduzida pela Lei nº 13.467/2017:

> Art. 5º-C. Não pode figurar como contratada, nos termos do art. 4º-A desta Lei, a pessoa jurídica cujos titulares ou sócios tenham, nos últimos dezoito meses, prestado serviços à contratante na qualidade de empregado ou trabalhador sem vínculo empregatício, exceto se os referidos titulares ou sócios forem aposentados.

Evita-se, com isso, uma utilização inapropriada da terceirização com o espúrio desiderato de frustrar a efetividade dos direitos trabalhistas assegurados constitucionalmente. Seguindo essa mesma lógica, que está direcionada para a plena tutela do vínculo de emprego naqueles casos em que a terceirização não se justificar, o art. 5º-D da Lei nº 6.019, com a redação dada pela Lei nº 13.467/2017, proíbe que o empregado demitido preste serviços na mesma empresa como terceirizado antes do decurso de dezoito meses. Confira-se a redação legal:

> Art. 5º-D. O empregado que for demitido não poderá prestar serviços para esta mesma empresa na qualidade de empregado de empresa prestadora de serviços antes do decurso de prazo de dezoito meses, contados a partir da demissão do empregado.

Na sequência, de acordo com o art. 19-A da Lei nº 6.019/1974, a realização de terceirização fora dos parâmetros aceitos legalmente enseja o dever de pagamento de multa pela empresa infratora.[147] Sem prejuízo, da terceirização ilícita também poderá exsurgir o reconhecimento da relação de emprego da empresa contratante com o terceirizado, o que, aliás, tem sido feito pela Justiça do Trabalho com corriqueira frequência.

Quanto ao marco temporal da nova lei, é preciso conciliar o seu art. 3º com a regra do art. 19-C da Lei nº 6.019/1974. A Lei nº 13.429/2017 entrou em vigor na data da sua publicação, *ex vi* do seu art. 3º, mas não pode desconstituir atos jurídicos perfeitos e os direitos adquiridos (protegidos constitucionalmente pela previsão do art. 5º, XXXVI, da CRFB/88). Os contratos firmados antes do seu advento ficam preservados, bem como os direitos dele decorrentes. O que o art. 19-C da Lei nº 6.019, introduzido pela Lei nº 13.429/17, permite é que as partes entrem em acordo para a adequação do contrato aos termos da novel lei, ao dispor que "Os contratos em vigência, se as partes assim acordarem, poderão ser adequados aos termos desta Lei".

Como as alterações promovidas pela Lei nº 13.429/2017 afetam a relação jurídica da empresa contratante com a prestadora de serviços e dessas duas com o trabalhador que realiza a terceirização, é preciso considerar que as partes a que o *caput* do art. 19-C refere-se são as duas empresas e o trabalhador. Sem o acordo de todos os que serão afetados, não há como os contratos de terceirização celebrados serem alcançados pela nova lei, sob pena de ofensa ao ato jurídico perfeito e à segurança jurídica, valores de proteção constitucional expressa.

---

[147] O dispositivo é assim redigido: "O descumprimento do disposto nesta Lei sujeita a empresa infratora ao pagamento de multa".

CAPÍTULO 9

A JUDICIALIZAÇÃO DA TERCEIRIZAÇÃO NO SUPREMO TRIBUNAL FEDERAL

Até o passado recente, o tema dos limites da terceirização de mão de obra não era objeto de uma preocupação digna de destaque no Supremo Tribunal Federal. Os processos eram julgados no âmbito da Justiça do Trabalho e o TST, com amparo na sua multicitada Súmula nº 331, decidia sobre a legalidade da terceirização, sem que disso surgissem impugnações com uma envergadura constitucional.

Foi com a afetação à sistemática da Repercussão Geral do *ARE nº 713.211*,[148] relator Ministro Luiz Fux, que a matéria da terceirização de mão de obra e seus limites passaram a ganhar notoriedade no STF.[149] No referido processo, uma companhia de celulose (Celulose Nipo Brasileira S/A – Cenibra) foi condenada pela Justiça do Trabalho em ação civil pública por ter feito uso de

---

[148] Em março de 2016, o ARE nº 713.211 foi reautuado como RE nº 958.252, em razão do seu provimento, e, em dezembro de 2016, o referido recurso extraordinário substituiu o citado ARE para o julgamento da repercussão geral (Tema 725 – Terceirização de serviços para a consecução da atividade-fim da empresa).

[149] Em sessão de julgamento de 16.05.2014, o Plenário do STF, por maioria, reputou constitucional a questão, vencidos os Ministros Rosa Weber, Ricardo Lewandowski e Teori Zavascki. Não se manifestaram os Ministros Joaquim Barbosa e Cármen Lúcia. O Tribunal, por maioria, reconheceu a existência de repercussão geral da questão constitucional suscitada, vencidos os Ministros Rosa Weber, Ricardo Lewandowski e Teori Zavascki. Não se manifestaram os Ministros Joaquim Barbosa e Cármen Lúcia. O acórdão da Repercussão Geral teve a seguinte Ementa: RECURSO EXTRAORDINÁRIO COM AGRAVO. ADMINISTRATIVO. AÇÃO CIVIL PÚBLICA. POSSIBILIDADE DE TERCEIRIZAÇÃO E SUA ILICITUDE. CONTROVÉRSIA SOBRE A LIBERDADE DE TERCEIRIZAÇÃO. FIXAÇÃO DE PARÂMETROS PARA A IDENTIFICAÇÃO DO QUE REPRESENTA ATIVIDADE-FIM. POSSIBILIDADE. REPERCUSSÃO GERAL RECONHECIDA.

trabalhadores terceirizados para o desempenho de tarefas inerentes à sua atividade-fim. A condenação determinou o pagamento de dano moral coletivo e reconheceu a ilegalidade da terceirização feita pela empresa. Em sede de recurso extraordinário, o relator Ministro Luiz Fux manifestou-se pela existência de repercussão geral da matéria, nos seguintes termos:

> RECURSO EXTRAORDINÁRIO COM AGRAVO. ADMINISTRATIVO. AÇÃO CIVIL PÚBLICA. POSSIBILIDADE DE TERCEIRIZAÇÃO E SUA ILÍCITUDE. CONTROVÉRSIA SOBRE A LIBERDADE DE TERCEIRIZAÇÃO. FIXAÇÃO DE PARÂMETROS PARA A IDENTIFICAÇÃO DO QUE REPRESENTA ATIVIDADE-FIM. POSSIBILIDADE.
> 1. A proibição genérica de terceirização calcada em interpretação jurisprudencial do que seria atividade-fim pode interferir no direito fundamental de livre iniciativa, criando, em possível ofensa direta ao art. 5º, inciso II, da CRFB, obrigação não fundada em lei capaz de esvaziar a liberdade do empreendedor de organizar sua atividade empresarial de forma lícita e da maneira que entenda ser mais eficiente.
> 2. A liberdade de contratar prevista no art. 5º, II, da CF é conciliável com a terceirização dos serviços para o atingimento do exercício-fim da empresa.
> 3. O *thema decidendum*, *in casu*, cinge-se à delimitação das hipóteses de terceirização de mão-de-obra diante do que se compreende por atividade-fim, matéria de índole constitucional, sob a ótica da liberdade de contratar, nos termos do art. 5º, inciso II, da CRFB.
> 4. Patente, assim, a repercussão geral do tema, diante da existência de milhares de contratos de terceirização de mão-de-obra em que subsistem dúvidas quanto à sua legalidade, o que poderia ensejar condenações expressivas por danos morais coletivos semelhantes àquela verificada nestes autos.
> 5. Diante do exposto, manifesto-me pela existência de Repercussão Geral do tema, *ex vi* art. 543, CPC.

Em maio de 2014, reconheceu-se a repercussão geral da matéria, consoante a seguinte ementa:

> RECURSO EXTRAORDINÁRIO COM AGRAVO. ADMINISTRATIVO. AÇÃO CIVIL PÚBLICA. POSSIBILIDADE DE TERCEIRIZAÇÃO E SUA ILÍCITUDE. CONTROVÉRSIA SOBRE A LIBERDADE DE TERCEIRIZAÇÃO. FIXAÇÃO DE PARÂMETROS PARA A IDENTIFICAÇÃO DO QUE REPRESENTA ATIVIDADE-FIM. POSSIBILIDADE. REPERCUSSÃO GERAL RECONHECIDA.

Em agosto de 2016, o *RE nº 958.252*, que substituiu o ARE nº 713.211, foi liberado pelo relator para julgamento pelo Plenário do STF, mas, até a publicação desta obra, ele ainda não havia ocorrido. Espera-se que, nesse feito, o Plenário do STF possa se manifestar, com a densidade que o tema merece, sobre o cabimento ou não da terceirização da atividade-fim, além das hipóteses de trabalho temporário.

Até então, infelizmente, a análise judicial da possibilidade de terceirização da atividade-fim tem sido feita, e raras são as exceções, com a apresentação de discursos contundentes, muitos amparados em análises sociológicas simplistas, em abordagens dissociadas da realidade e, especialmente, dos seus impactos econômicos, inclusive para o trabalhador. Nesse ambiente, princípios constitucionais, tais como o da dignidade da pessoa humana, valor social do trabalho e o da vedação do retrocesso social, são citados com larga vagueza de conteúdo e indeterminação de fundamentos. Por vezes, a menção a esses princípios dá-se de forma distorcida, como se eles apresentassem um único caminho possível, um singular desfecho autoevidente capaz de preservar o *status quo* em matéria de legislação trabalhista. O mundo muda, mas não a forma como as relações de trabalho são reguladas juridicamente no Brasil e as novidades são encaradas como se apenas trouxessem malefícios ao trabalhador. Daí a necessidade de um enfrentamento maduro da polêmica terceirização da atividade-fim no Brasil.

O fato de o tema da terceirização entrar na pauta de matérias relevantes do STF fez com que ganhasse outra dimensão, a ponto de incentivar o debate no âmbito do Poder Executivo Federal, do Congresso, da sociedade, e, de acarretar, ainda, a distribuição de outras ações de elevado impacto (ADPF e ADIs) na mais alta Corte brasileira sobre a mesma controvérsia. Nesse diapasão, a matéria da terceirização de atividade-fim, também, apareceu na *ADPF nº 324* da relatoria do Min. Luís Roberto Barroso. A referida ação foi ajuizada pela Associação Brasileira do Agronegócio (ABAG) para:

> o fim de reconhecer, com eficácia *erga omnes* e efeito vinculante, a inconstitucionalidade da interpretação adotada em reiteradas decisões da Justiça do Trabalho, as quais vedam a prática da terceirização sem legislação específica aplicável que a proíba, em clara violação aos preceitos constitucionais fundamentais da legalidade, da livre

iniciativa e da valorização do trabalho, decisões estas que tem resultado concretamente em um inconstitucional obstáculo quase insuperável à terceirização.[150]

Em seu parecer apresentado em tais autos, o Ministério Público Federal (MPF) defende, em sede preliminar, a ilegitimidade *ad causam* da ABAG, a inépcia da petição inicial, o descabimento de arguição de descumprimento de preceito fundamental para impugnar decisões judiciais transitadas em julgado e o seu descabimento, por ausência de atendimento ao princípio da subsidiariedade. Quanto ao mérito, a Procuradoria-Geral da República (PGR) sustenta a compatibilidade da Súmula nº 331 do Tribunal Superior do Trabalho com a Constituição da República de 1988, na medida em que a terceirização da atividade-fim acabaria com a tutela da relação de emprego, por transformar o trabalho em mercadoria e reduzir o ser humano a mero objeto.[151] Por essas razões, o MPF requer a improcedência da ADPF nº 324, caso as preliminares sejam superadas.

Na ADPF nº 324, a PGR afirma o entendimento de que o advento da Lei nº 13.429/2017, superveniente ao ajuizamento da referida arguição, não compromete a Súmula nº 331 do TST. A conclusão é calcada nos seguintes fundamentos principais:

> O dispositivo limita-se a conceituar a empresa prestadora de "serviços determinados e específicos", expressão cuja indeterminação de sentido desautoriza franquear a prática da terceirização na atividade-fim das empresas, porquanto não altera a ordem trabalhista acerca do tema e mantém incólume a interpretação cristalizada na Súmula nº 331 do TST.[152]

Em razão da aprovação da Lei nº 13.429/2017, que entrou em vigor em 31.03.2017 e, segundo se defende, sinalizou favoravelmente à terceirização da atividade-fim, várias ações diretas de inconstitucionalidade foram distribuídas. Nelas, há questionamento de diversos artigos da citada lei, especialmente por uma suposta ofensa à dignidade do trabalhador. O Ministro

---

[150] Trecho contido nas páginas 45 e 46 da petição inicial da ABAG na ADPF nº 324.
[151] Essas afirmações já foram respeitosamente refutadas nos capítulos iniciais deste livro.
[152] Trecho de fl. 2 do parecer lançado na ADPF nº 324.

Gilmar Mendes, primeiro a receber uma ação direta sobre a matéria, ficou prevento e relatará as ADIs nºs 5.685, 5.686, 5.687, 5.695 e 5.735.

A *ADI nº 5.685* foi ajuizada pelo partido *Rede Sustentabilidade* e nela há pedido de declaração de inconstitucionalidade formal da Lei nº 13.429, de 2017, na medida em que:

> a Câmara dos Deputados, ao ignorar deliberadamente a retirada desta proposta por parte do Poder Executivo, e ao ressuscitar uma proposição vintenária, o fez premida por seu desejo de manobra parlamentar escusa e ilegítima, de burlar o bicameralismo.[153]

Quanto ao mérito, a parte autora requer:

> a declaração da inconstitucionalidade sem redução de texto dos art. 4º-A, caput, in fine, da Lei nº 6.019, de 1974, [...] para declarar inconstitucionais quaisquer interpretações que autorizem a terceirização nas atividades finalísticas das organizações em geral, públicas ou privadas, no tocante aos contratos de trabalho em geral; BEM COMO a declaração da inconstitucionalidade com redução de texto do art. 9º, §3º, da Lei nº 6.019, de 1974, com as alterações promovidas pela Lei nº 13.429, de 2017, para declarar inconstitucional a expressão "e atividades-fim", impedindo, desse modo, quaisquer interpretações que autorizem a terceirização nas atividades finalísticas das organizações em geral, públicas ou privadas, no tocante aos contratos de trabalho temporário.[154]

---

[153] Trecho de fl. 15 da petição inicial na ADI nº 5.685.
[154] Trechos de fls. 37 e 38 da petição inicial na ADI nº 5.685, que são complementados pelo seguinte: "c. Sucessivamente, caso indeferidos, no todo ou em parte, os pedidos precedentes, REQUER a declaração da inconstitucionalidade sem redução de texto dos arts. 4º-A, *caput, in fine*, em conjunto com o art. 9º, §3º, ambos da Lei nº 6.019, de 1974, com as alterações promovidas pela Lei nº 13.429, de 2017, para declarar inconstitucionais quaisquer interpretações ou atos normativos infralegais que autorizem a terceirização, no âmbito da Administração Pública (inclusive nas empresas públicas e sociedades de economia mista exploradoras de atividades econômicas) em atividades para as quais existam cargos, empregos ou funções públicas legalmente instituídos, relativos à atividade finalística ou acessória. d. Por derradeiro, REQUER, ainda sucessivamente, na hipótese de restarem indeferidos todos os pedidos precedentes, em guarda do preceito constitucional fundamental da legalidade e da segurança jurídica, que, em sede de interpretação do comando normativo exarado nos arts. 4º, caput, in fine, em conjunto com o art. 9º, §3º, ambos da Lei nº 6.019, de 1974, com as alterações promovidas pela Lei nº 13.429, de 2017, RECONHEÇA-SE, em sede interpretativa vinculante, que a terceirização das atividades-fim, em sede de contratos sem prazo determinado, apenas alcança as atividades acessórias de uma organização ('serviços determinados e específicos', nos exatos termos da inclusão do art. 4º-A, pela Lei nº 6.019, de 1974), não se espraiando para as suas atividades finalísticas, nos moldes da literalidade da legislação de regência."

Na *ADI nº 5.686*, a *Confederação Nacional das Profissões Liberais* sustenta a inconstitucionalidade da Lei nº 13.429/17, porquanto inadmissível a:

> expansão da possibilidade de terceirização das atividades laborais a qualquer tipo de atividade e, no tangente à lei como um todo, seja dada à terceirização interpretação conforme à Constituição, para que, no referente às atividades-meio, seja limitada às condições que forem alvitradas por esse Excelso Pretório, a seu juízo.[155]

Quanto à *ADI nº 5.687*, é de se destacar que o *Partido dos Trabalhadores* e o *Partido Comunista do Brasil* formularam pedido de declaração da inconstitucionalidade formal da Lei nº 13.429/2017, em razão de vícios na sua tramitação. No mérito, também, pediram o reconhecimento da inconstitucionalidade da citada lei, sob o fundamento de que seus artigos ofendem os direitos sociais, que teriam *status* de cláusulas pétreas, bem como que fosse:

> declarada a inconstitucionalidade sem redução de texto (interpretação conforme) do art. 4º-A, *caput*, e art. 5º-A, *caput* introduzidos na Lei nº 6.019, de 1974, pela Lei nº 13.429, de 2017, para afastar entendimento de que está autorizada a aplicação da terceirização para a atividade-fim da empresa tomadora de serviços.[156]

---

[155] Trecho de fl. 14 da petição inicial da ADI nº 5.686.

[156] Também foram feitos os seguintes pedidos na ADI 5.687 (fls. 80-82 da petição inicial): "iii.4) seja declarada a inconstitucionalidade do art. 2º, caput e §2º com redação dada pelo art. 1º da Lei nº 13.429, de 2017, em conjunto com a disposição dos parágrafos 1º e 2º do art. 10 todos que alteram a Lei nº 6.019/1974, por sua afronta direta à dignidade imposta pela Constituição para os contratos de trabalho, por sua conformação típica da violação ao princípio do não retrocesso social;
iii.5) seja declarada a inconstitucionalidade:
– dos art. 10 e do §2º do art.4º-A, ambos introduzidos na Lei nº 6.019/1974, por positivar a não configuração de vínculo empregatício e implicar em violação ao caput do art. 5º da Constituição Federal;
– do art. 2º, §1º da Lei 6.019, de 1974, incluído pela Lei 13.429, de 2017, da seguinte frase contida no dispositivo: 'salvo nos casos previstos em lei', por violar o direito de greve insculpido no art. 9º da Constituição Federal;
iii.6) seja declarada inconstitucionalidade sem redução de texto (interpretação conforme) do art. 5º-A da Lei nº 6.019, de 1974, incluído pela Lei nº 13.429, de 2017,assegurando-se a igualdade de direitos entre os trabalhadores terceirizados e os trabalhadores das empresas tomadoras de serviço;
iii.7) seja declarada inconstitucionalidade sem redução de texto (interpretação conforme) dos arts. 4º-A e 5º-A acrescidos pela Lei nº 13.429/2017 à Lei nº 6.019/1974, para afastar sua incidência das atividades finalísticas dos órgãos e entidades da administração pública direta e indireta."

Na *ADI nº 5.695*, distribuída pela *Confederação Nacional dos Trabalhadores na Indústria Química* e pela *Confederação Nacional dos Trabalhadores nas Indústrias Têxtil, Vestuário, Couro e Calçados*, há pedido de declaração de inconstitucionalidade de toda a Lei nº 13.429/2017, por ofensa aos mais diversos dispositivos constitucionais que protegem o trabalhador.[157]

Em junho de 2017, foi ajuizada pelo então Procurador-Geral da República a *ADI nº 5.735*. Nela, sustenta-se, em relação ao que interessa para o tema da terceirização por tempo indeterminado: (i) a inconstitucionalidade formal na aprovação do projeto de lei que originou a Lei nº 13.429/2017, tendo em vista a ausência de deliberação, pela Câmara dos Deputados, de requerimento de retirada do citado projeto de lei formulado por seu autor, o Presidente da República, antes da votação conclusiva; (ii) a inconstitucionalidade material, em virtude da terceirização irrestrita de atividades finalísticas de empresas privadas e de órgãos e entes da Administração Pública, por violação ao regime constitucional de emprego socialmente protegido, ofensa ao princípio isonômico nas relações de trabalho, e a regra constitucional de concurso público nas empresas estatais exploradoras de atividade econômica.

Constata-se, por tudo o que acima é demonstrado, que, em razão da sua relevância, sob os mais diversos aspectos, o STF já reconheceu a necessidade de a matéria "terceirização e seus limites" ser apreciada sob um enfoque constitucional. Tal circunstância fica evidenciada pelos diversos feitos ora destacados e que lá já tramitam com três relatores diferentes: Min. Luiz Fux, Min. Roberto Barroso e Min. Gilmar Mendes. Assim, o enfrentamento da temática

---

[157] Em sede de pedido alternativo na ADI nº 5.695, a parte autora requer (fls. 34-35 da petição inicial): "a declaração da inconstitucionalidade sem redução de texto dos art. 4º-A, caput, *in fine*, da Lei nº 6.019/74, com as alterações promovidas pela Lei nº 13.429/17, para declarar inconstitucionais quaisquer interpretações que autorizem a terceirização nas atividades finalísticas das organizações em geral, públicas ou privadas, no tocante aos contratos de trabalho em geral; assim como a declaração da inconstitucionalidade com redução de texto do art. 9º, §3º, da Lei nº 6.019/74, com as alterações promovidas pela Lei 13.429/17, para declarar inconstitucional a expressão 'e atividades-fim', impedindo, desse modo, quaisquer interpretações que autorizem a terceirização nas atividades finalísticas das organizações em geral, públicas ou privadas, no tocante aos contratos de trabalho temporário e, por via de consequência, a inconstitucionalidade por arrastamento dos demais artigos das referidas leis".

pelo STF, desta vez sob uma ótica do Direito Administrativo e Constitucional, e não apenas por meio de uma abordagem privatista ou focada unicamente na lógica do Direito do Trabalho, por vezes excessivamente partidária de um dos lados da equação social, permitirá a obtenção de um resultado que concilie a necessidade de aprimoramento e desburocratização da atividade empresarial no Brasil com a tutela adequada do trabalhador.[158]

---

[158] Quando do fechamento desta edição, o STF ainda não havia proferido qualquer decisão nos feitos mencionados sobre o tema da terceirização de mão de obra.

CONCLUSÕES

A leitura constitucionalizada do fenômeno da terceirização foi o principal objetivo da presente obra. É que, em um ordenamento jurídico constitucional, qualquer afirmação teórica jurídica ou atividade interpretativa normativa deve partir dos valores sociais constitucionais, cristalizados nas garantias fundamentais individuais e nos direitos sociais, que revelam um verdadeiro projeto de sociedade que se quer alcançar. Partindo, portanto, desse processo de *constitucionalização das relações de trabalho* – cujos conceitos e institutos jurídicos devem, sempre, guardar compatibilidade com esses valores normativos, após sobre eles se proceder a uma filtragem constitucional de seus significados e suas funções – é que se buscou perquirir o objeto deste livro.

Com efeito, a partir da Constituição de 1988, alguns elementos ínsitos e essenciais às relações de trabalho passaram a ser definidos conforme apropriações diretas de suas disposições. Por esse fenômeno de constitucionalização, surgem alguns efeitos como a regulação direta de institutos jurídicos trabalhistas pelo texto constitucional e a retirada de determinadas dimensões de sua normatividade da esfera de disposição e de liberdade do legislador ordinário, já que estabelecidos no diploma normativo de força maior. Ainda, nessa mesma ordem constitucional, consagra-se o direito ao trabalho como verdadeiro direito fundamental, o que deve se dar de forma compatível com a dignidade da pessoa humana.

Assim é que se afirmou que nem mesmo por ato legislativo ordinário pode-se dispor do *núcleo essencial* do direito ao trabalho, que, além de voltar seu escopo de tutela para o posto individualmente ocupado por determinado trabalhador, também é dotado de um caráter de direito fundamental. Revela-se essencial, portanto, a identificação das diretrizes constitucionais que conduzam, na linha de seus mandamentos e âmbitos de proteção, à definição desses elementos nucleares desse direito fundamental; mas sem que se furte, de forma abstrata, prévia ou absoluta, a possibilidade de o legislador dispor sobre o tratamento jurídico das categorias relativas à relação de emprego, mediante um processo em que se assume, também na via legislativa, a possibilidade de interpretação da Constituição.

No entanto, esse espaço de disposição e interpretação legislativa apenas pode se dar a partir do próprio texto constitucional e dentro da moldura intransponível por esse fixada. Assim é que o direito ao trabalho deve envolver, também, a proteção de sua realização digna, tanto em relação às condições materiais de sua execução, como em sua instrumentalidade ao desenvolvimento da pessoa humana, conforme seu próprio projeto de vida. Nessa linha, afirmou-se a existência de uma *dimensão trabalhista da dignidade da pessoa humana*, a ser respeitada não apenas pelos órgãos públicos em relação à proteção dos trabalhadores, mas cuja normatividade se espraia também às relações privadas, especialmente naquelas em que os particulares se apresentam em posições materialmente desiguais, a partir da afirmação da eficácia horizontal imediata dos direitos fundamentais.

Dentro dessa leitura, porém, não se pode identificar a proteção constitucional conferida ao trabalhador com a mera literalidade do texto normativo, havendo que se diferenciar, nesse processo de concretização das normas constitucionais, os conceitos de *programa normativo* e de *domínio normativo*, a partir de uma distinção inicial entre *texto* e *norma*. Nesse sentido, o texto normativo – que orienta e limita a atividade interpretativa – corresponde ao *programa normativo*, resultante da análise conjunta de seus componentes linguísticos e jurídicos. Apesar de indispensável, tal elemento, entretanto, é por si só insuficiente à *concretização* da norma respectiva, em cujo processo de aplicação os aspectos da realidade social sobre a qual tal texto jurídico incide devem ser também considerados, a partir de cuja conjugação se atinge seu *domínio normativo*. Desse modo, somente a consideração conjunta de todos esses componentes é que permite a extração do efetivo significado de uma *norma*, que tem no *texto* apenas sua forma mais comum de expressão e seu ponto de partida no processo hermenêutico.

Nesse esforço, a identificação da *relação de emprego protegida* (art. 7º, I, da CRFB/88) deve incluir as especificidades de um contexto socioeconômico mais amplo, a partir de uma noção de que o trabalho é fundamental à própria conformação da dignidade do ser humano, em afirmação da influência recíproca da tríade *democracia, cidadania e valor do trabalho*, maximizada no contexto pós-88. Dessa forma, o domínio normativo dessa relação de emprego protegida há de considerá-la como instrumento concretizador de um dever de proteção especial ao trabalhador, em mitigação às desigualdades socioeconômicas que dela inerentemente derivam.

Assim, mais do que tutelar a autonomia privada daqueles que pactuam as condições do exercício da atividade laboral, exsurge a necessidade de que a *relação de emprego* seja considerada como meio de promoção de dignidade, de cidadania e de materialização de direitos fundamentais. Jamais se poderá admitir, por exemplo, que o trabalhador seja tratado como um insumo ou mero recurso de produção, impondo-se seja ele considerado como integrante do programa finalístico da empresa, já que, como ser humano, é dotado de um valor intrínseco, constituindo um fim em si mesmo.

De outro lado, ao mesmo tempo que se protege o valor social do trabalho e se erige a pessoa humana a posição nuclear do ordenamento jurídico, essa mesma ordem constitucional assenta a proteção expressa de outros valores como a livre-iniciativa e a livre concorrência. Não obstante a estes se assente a necessidade de que atendam a suas funções sociais, já que não constituem fins em si mesmos, impõe-se uma garantia de liberdade da organização da atividade econômica, mediante a seleção do modelo de negócios que parecer mais eficiente às finalidades buscadas pelo exercício da empresa, desde que compatíveis com o ordenamento jurídico e com os valores constitucionais. Dentro da moldura juridicamente admitida, deve-se resguardar o espaço de liberdade de organização da atividade empresarial e da definição do modelo de negócios, que prosperarão ou não conforme a eficiência e a aceitabilidade social de sua concretização.

Por essa razão é que, à luz de todas essas premissas constitucionais elucidadas, a necessidade e a obrigatoriedade de que se confira tratamento digno do trabalhador, inclusive e principalmente no âmbito das relações privadas, nem sempre conduzirá à conclusão de que a inserção do trabalhador na atividade finalística de uma atividade econômica pelo desempenho de atribuições ínsitas ao seu objeto social implicará o reconhecimento da existência de uma relação de emprego direta com o tomador de seus serviços.

O fenômeno da terceirização da atividade principal (ou atividade-fim), isto é, da *intermediação da mão de obra* em relação às atividades finalísticas do empregador – em que formalmente se estabelece um vínculo jurídico-trabalhista entre o empregado e um intermediador, e outra relação contratual entre este intermediador e o efetivo tomador de serviços – não originará, necessariamente, uma relação de emprego direta com o tomador, especialmente quando houver interpretação constitucional promovida no âmbito legislativo que leve a uma conclusão diversa. Mais do que a proteção da relação de emprego em si, o domínio normativo constitucional assegura a proteção da relação de trabalho, conceito mais amplo e que abarca diversas formas de organização da atividade laboral no processo produtivo, respeitadas, em todas elas, a dimensão trabalhista da dignidade da pessoa humana e todo o arcabouço constitucional-normativo que regula aspectos relacionados a esse cenário.

Nessa linha de pensamento, relativiza-se a tradicional distinção que se costuma fazer entre as atividades-meio e as atividades-fim de um empresário ou sociedade empresária, a definir a licitude ou ilicitude da terceirização. É que, na leitura constitucional que se propôs, o mero desempenho de atividade finalística pelo terceirizado, mediante a realização de funções vinculadas ao objeto social do empresário (individual ou sociedade empresária), não implica, necessariamente, uma ofensa à dignidade do trabalhador, mormente porque há situações em que uma parcela dessas atividades-fim pode ser mais bem desempenhada por quem seja mais eficiente ou mais especializado naquela prestação material específica.

A eficiência tem um preço no mundo contemporâneo, cuja importância destaca-se no processo produtivo, impondo-se que a ela continuamente se adapte, sob pena de uma eliminação pelo mercado. Antes aceitar a terceirização de atividade-fim do que inviabilizar o funcionamento da tomadora de mão de obra e promover o desemprego.

Ainda que a ampliação da terceirização inicialmente surja com o intuito de redução dos custos de produção e de maximização de sua eficiência, não se pode estabelecer uma relação de causalidade direta e necessária entre esses objetivos e a precarização das relações de trabalho. Esse processo pode, por exemplo, conduzir à inclusão de um maior número de trabalhadores no mercado formal de trabalho, além de possivelmente criar novos postos de trabalho à população economicamente ativa.

A superproteção trabalhista cria cenários em que se elevam os custos de produção ao ponto de inviabilizar a sua própria existência, de modo a causar, em última instância, prejuízo aos trabalhadores pelo crescimento da taxa de desemprego, por exemplo. A afirmação se fortalece em momentos de instabilidade e de crises econômicas, cujos efeitos atingem não só os trabalhadores, mas também diversos agentes sociais; impondo-se a necessidade de busca por um ponto de equilíbrio, em que se resguarde a proteção constitucional da dignidade do trabalhador, sem que se impeça a organização da atividade econômica de modo compatível com o ordenamento jurídico.

Conclusões semelhantes também foram obtidas a partir da análise de direito comparado, especialmente em países de tradição constitucional semelhante à brasileira, bem como do Direito Internacional.

Na linha do que se afirmou, a análise do domínio normativo da relação de emprego e das relações de trabalho em geral deve resguardar, ao lado da proteção da dignidade do trabalhador, aspectos como a livre-iniciativa, a livre concorrência, a busca do desenvolvimento econômico e social, a pluralidade dos intérpretes constitucionais, a possibilidade de que, também no âmbito legislativo, sejam solucionados conflitos entre valores igualmente constitucionais; na busca de contribuições do Direito Constitucional ao debate da possibilidade e dos limites da terceirização.

A partir dessa ampla leitura constitucional, desceu-se à disciplina infraconstitucional da terceirização, tanto em relação a sua evolução normativa, como quanto ao seu desenvolvimento no campo jurisprudencial, em especial no que se refere à Súmula nº 331 do Tribunal Superior do Trabalho. Esse processo de sucessão normativa teve um novo ponto de destaque na publicação das recentes Leis nºs 13.429/2017 e 13.467/2017.

Quanto ao ponto, assentou-se o entendimento de que seja revisada a referida Súmula, não para afastar completamente a sua incidência, que permaneceria válida, quando, no caso concreto, fosse verificada a subordinação técnica e hierárquica direta entre o trabalhador e o tomador de seus serviços. Entretanto, há que se afastar a relação necessária entre realização de atividade-fim e a existência de vínculo empregatício direto, em razão de não haver fundamento que justifique a apreensão dessa proibição no ordenamento jurídico brasileiro. A afirmação torna-se especialmente relevante, em relação àquelas atividades pontuais em que a notória especialização de um profissional não vinculado àquele empresário ou àquela sociedade empresária justifica a sua contratação, ainda que para realização de atividade finalística daquela atividade econômica respectiva. A própria alteração superveniente desse quadro fático-normativo – promovida pelas Leis nºs 13.429/2017 e 13.467/2017 – implica a necessidade de reanálise e de possível revisão de tal entendimento inicial. Como se assentou: uma coisa é afirmar a impossibilidade absoluta de terceirização de atividade-fim na ausência de legislação específica que regulamente tal possibilidade; outra é manter esse entendimento mesmo quando há previsão legal expressa.

Mais propriamente quanto à terceirização de atividades-fim e à sua distinção das atividades-meio como critério determinante para a possibilidade ou não de terceirização, a insuficiência desse modelo exsurge de sua fundamentação em conceitos bastante indeterminados e que, perante cada caso concreto ou cada intérprete, abre espaços a subjetivismos exagerados, sem qualquer respaldo constitucional ou legal direto para tanto. Essa limitação agrava-se ainda mais em um contexto de intensa dinamicidade e fluidez das relações de produção e consumo na sociedade, que conduzem a um elevado número de casos limítrofes de indefinições.

Diferenciam-se as situações de terceirização da atividade-fim e de terceirização ilícita, sendo esta última praticada mediante fraudes, com a finalidade única de burlar ou afastar a aplicação da legislação trabalhista, enquanto aquela poderá ser considerada lícita quando cumprir fielmente sua disciplina legal, sem qualquer espaço para abranger práticas fraudulentas ou ilícitas. Nesse ponto, a conclusão a que se chega é a da insubsistência da distinção entre atividades-meio e atividade-fim como critério determinante da possibilidade ou impossibilidade de terceirização. Ainda que a tal finalidade indique um parâmetro inicialmente objetivo, isto é, o objeto social e as tarefas a ele essenciais, sua análise mais detida acaba por revelar a insuficiência e a indeterminação desse critério, a ensejar a inviabilidade da própria distinção em si, sendo inadequada a assentar a (im)possibilidade de terceirização ou dos limites em que é possível sua realização.

Desse modo, a inserção do trabalhador no processo produtivo e na atividade finalística de uma empresa pode se dar por formas outras que não o vínculo empregatício direto, desde que resguardada a tutela do trabalho digno. Não havendo relação direta entre a ampliação da terceirização para as atividades-fim e a ofensa à dimensão trabalhista da dignidade da pessoa humana, não cabe arguir a sua inconstitucionalidade com lastro em uma abordagem principiológica genérica e infundada.

Uma vez que não se retira do domínio normativo da relação de trabalho protegida o necessário reconhecimento da existência de uma relação de emprego *stricto sensu*, entende-se que o principal critério diferenciador entre a possibilidade ou não de terceirização de determinada atividade e os limites para sua realização é a existência ou não de autorização legal, dentro do que formal e materialmente compatível com a moldura constitucionalmente delimitada. Também ao legislador é dado interpretar a Constituição e as normas constitucionais potencialmente conflitantes, momento em que deverão ser considerados os diversos fatores envolvidos para a formulação de uma política pública de trabalho, tais como os aspectos jurídicos, econômicos, sociais, a proteção da dignidade do trabalhador e de seu trabalho, a livre-iniciativa e a livre concorrência, entre outros. Não se visualiza, portanto, uma proibição constitucional à possibilidade – e não obrigatoriedade – de terceirização de atividades-fim, cujos contornos devem ser buscados a partir da legislação infraconstitucional, que especificam a proteção da Constituição de 1988.

Mesmo no contexto normativo pretérito de ausência de autorização legal expressa, já se era de admitir, ao menos, a possibilidade de terceirização de atividades-fim, quando a técnica do trabalhador fosse desenvolvida de forma autônoma em relação ao que realizado ordinariamente pela empresa em cujo processo prestará seu serviço, sem que daí exsurja uma nova relação de emprego, quando o trabalhador não estivesse diretamente submetido ao poder diretivo da empresa contratante de mão de obra.

Tal possibilidade se consolida a partir da edição das Leis nºs 13.429/2017 e 13.467/2017, uma vez que não se vislumbra qualquer proibição constitucional, ainda que implícita, à terceirização das atividades-fim de uma atividade econômica, desde que respeitados a moldura essencial de proteção ao trabalho e à dignidade do trabalhador.

Por essa razão é que se procedeu à análise específica das Leis nºs 13.429/2017 e 13.467/2017, normas que fizeram florescer, ainda mais, os debates a respeito das possibilidades e dos limites da terceirização. O empresário ou sociedade empresária contratante pode precisar de trabalhadores que realizem, com natureza singular ou notoriedade técnica, atividades do seu objeto social, mas que façam parte do quadro de funcionários de outro empresário prestador de serviços.

Sobretudo a partir dessas leis, não se entende que a Lei nº 6.019/1974 vede esse tipo de terceirização, uma vez que não exige que tudo o que diga respeito à atividade-fim da empresa contratante seja realizado pelos seus próprios empregados, o que sequer seria viável nos dias de hoje em diversos setores empresariais. Ausentes a subordinação e o poder diretivo da companhia em relação a funcionário ou a grupo de trabalhadores terceirizados de alto rendimento na sua profissão, nada justifica que sejam considerados empregados da contratante. O que parece não dever ser admitido é o exercício de poder diretivo da empresa contratante de forma direta, técnica e hierárquica em relação ao terceirizado, sem que haja, por exemplo, qualquer singularidade das aptidões do profissional terceirizado.

As possibilidades e os limites da prática da terceirização no âmbito da Administração Pública também foram objeto de análise específica, especialmente ante a dois fatores específicos: a existência de cargos e funções exclusivas de Estado que são providas conforme o modelo constitucional, e a exigência constitucional do concurso público para o provimento de cargos efetivos e a contratação de empregados públicos. É, desde já, impensável a terceirização para suprir/substituir o trabalho de agentes públicos que exerçam funções diretamente relacionadas à soberania estatal. Magistrados, membros do Ministério Público, diplomatas, parlamentares, entre outros, atuam com independência no desempenho de suas funções soberanas e tipicamente estatais e, por razões naturais, não podem ser substituídos por terceirizados.

Quanto aos demais agentes públicos, conclui-se que o real obstáculo para a terceirização é a circunstância de o provimento de cargos e de empregos depender da aprovação em concurso público, de modo que o feixe de atribuições a eles garantidas não pode ser realizado por quem é terceirizado, sob pena de burla à regra constitucional do concurso público. Caso a terceirização por tempo indeterminado pudesse substituir, de forma ordinária, agentes públicos concursados, o art. 37, II, da CRFB/88 teria sua densidade normativa esvaziada de maneira flagrantemente inconstitucional.

Dessa forma, apesar de possível a prática da terceirização no âmbito da Administração Pública, inclusive quanto a eventuais atividades-fim (como nas situações propostas em relação a empresas públicas e sociedades de economia mista, por exemplo), revela-se inadmissível a vulgarização da terceirização da atividade-fim no âmbito público, já que tal conduta poderia inviabilizar a efetividade da exigência constitucional do concurso público, especialmente quando a própria pessoa da Administração que faz uso da terceirização exerce poder diretivo de subordinação técnica direta sobre os terceirizados.

Portanto, seja de atividade-meio ou de atividade-fim, a terceirização na Administração Pública não pode compreender funções que estejam já previstas para cargos ou empregos públicos existentes na estrutura da unidade administrativa correspondente. Nesse sentido, por mais que não gere vínculo com a Administração, a terceirização será ilícita, quando feita de forma não temporária e em hipóteses em que as atribuições dos terceirizados já estão previstas para os empregos ou cargos efetivos já existentes, os quais deverão ser preenchidos mediante a realização de concurso público, conforme determinação constitucional expressa (art. 37, II, da CRFB/88).

Por fim, tratou-se dos vários casos em que a questão aqui debatida foi judicializada no Supremo Tribunal Federal, fato que trará o tema à iminente apreciação pela referida Corte. Com efeito, em razão da sua relevância sob os mais diversos aspectos, o STF já reconheceu a necessidade de a matéria da terceirização e seus limites constitucionais ser apreciada sob um enfoque constitucional. Espera-se que o enfrentamento da temática pelo STF, dessa vez sob uma ótica do Direito Administrativo e Constitucional, e não apenas por meio de uma abordagem privatista ou focada unicamente na lógica do Direito do Trabalho, por vezes excessivamente partidária de um dos lados da equação social, permita a obtenção de um resultado que concilie a necessidade de aprimoramento e desburocratização da atividade empresarial no Brasil com a tutela adequada do trabalhador. E, ainda, a esperança também é a de que o desfecho da controvérsia tenha condições de incrementar a segurança jurídica, a previsibilidade e a proteção da confiança dos cidadãos, vetores fundamentais para a estabilidade da ordem jurídica e para o fortalecimento do Estado de Direito.[159]

---

[159] Sobre a relevância da previsibilidade e da tutela de expectativas legítimas dos cidadãos: ARAUJO, Valter Shuenquener de. *O princípio da proteção da confiança*. Uma nova forma de tutela do cidadão diante do Estado. 2. ed. rev. e atual. Niterói: Impetus, 2016.

REFERÊNCIAS

ALEXY, Robert. *Teoria dos direitos fundamentais*. Tradução de Virgílio Afonso da Silva. São Paulo: Malheiros, 2015.

ALONSO OLEA, Manuel; BAAMONDE, Maria Emilia Casas. *Derecho del trabajo*. Madrid: Thomson Civitas, 2008.

ARABI, Abhner Youssif Mota. *A tensão institucional entre Judiciário e Legislativo*: controle de constitucionalidade, diálogo e a legitimidade da atuação do Supremo Tribunal Federal. Curitiba: Prismas, 2015.

ARABI, Abhner Youssif Mota. A teoria argumentativa de Robert Alexy e o princípio da proporcionalidade: uma análise do balanceamento de princípios e sua aplicação no Supremo Tribunal Federal. *Revista da Faculdade de Direito da UERJ*, v. 2, p. 1-11, 2012.

ARABI, Abhner Youssif Mota. Direito e tecnologia: relação cada vez mais necessária. *Jota*, 04 jan. 2017. Disponível em: <www.jota.info/artigos/direito-e-tecnologia-relacao-cada-vez-mais-necessaria-04012017>. Acesso em: set. 2017.

ARABI, Abhner Youssif Mota. Liberdade Sindical no Brasil: surgimento, evolução e novas perspectivas do contexto pós-88. *Revista Publius*, v. 1, jan./jun. 2014. Disponível em: <http://www.periodicoseletronicos.ufma.br/index.php/rpublius/article/view/3292/1323>. Acesso em: set. 2017.

ARAÚJO, Valter Shuenquener de. *O princípio da proteção da confiança*. Uma nova forma de tutela do cidadão diante do Estado. 2. ed. rev. e atual. Niterói: Impetus, 2016.

ARISTÓTELES. *Política*. São Paulo: Martin Claret, 2001.

BARROS, Alice Monteiro. A terceirização sob a nova ótica do Tribunal Superior do Trabalho, *Revista Trabalho & Processo*, n. 4, mar./1995.

BECK, Ulrich. *Sociedade de risco*: rumo a uma outra modernidade. Tradução de Sebastião Nascimento. São Paulo: Ed. 43, 2016.

BRANDÃO, Rodrigo. *Supremacia judicial versus diálogos constitucionais*: a quem cabe a última palavra sobre o sentido da Constituição?. Rio de Janeiro: Lumen Juris, 2012.

CANOTILHO, J. J. Gomes. *Direito Constitucional e Teoria da Constituição*. 7. ed. Coimbra: Almedina.

CANOTILHO, J. J. Gomes; MOREIRA, Vital. *Constituição da República Portuguesa anotada*. São Paulo: Revista dos Tribunais; Coimbra: Coimbra Editora, 2007.

COELHO, Fábio Ulhoa. *Curso de direito comercial*. Sociedades. 15. ed. São Paulo: Saraiva, 2011.

DE MASI, Domenico. *O futuro do trabalho*. Rio de Janeiro: José Olympio; Brasília: Ed. UnB, 1999.

DELGADO, Gabriela Neves; AMORIM, Helder Santos. *Os limites constitucionais da terceirização*. São Paulo: LTr, 2014.

DELGADO, Maurício Godinho. *Curso de direito do trabalho*. São Paulo: LTr, 2016.

DELGADO, Maurício Godinho; DELGADO, Gabriela Neves. O princípio da dignidade da pessoa humana e o direito do trabalho. In: *Diálogos entre o direito do trabalho e o direito constitucional*: estudos em homenagem a Rosa Maria Weber. São Paulo: Saraiva, 2014.

DRUCK, Maria da Graça. *Terceirização*: (des)fordizando a fábrica. São Paulo: Biotempo, 1999.

DWORKIN, Ronald. *Levando os direitos a sério*. São Paulo: Martins Fontes, 2014.

ELY, John Hart. *Democracy and distrust*: a theory of judicial review. Cambridge: Harvard University Press, 1980.

ENGISCH, Karl. *Introdução ao pensamento jurídico*. Tradução de João Baptista Machado. Lisboa: Fundação Calouste Gulbenkian, 2001.

FACHIN, Luiz Edson. *Direito civil*: sentidos, transformações e fim. Rio de Janeiro: Renovar, 2015.

GADAMER, Hans-Georg. *Verdade e método*. Petrópolis: Vozes, 2008.

GONÇALVES, Carlos Roberto. *Direito civil brasileiro*: contratos e atos unilaterais. v. 3. São Paulo: Saraiva, 2016.

GRIMM, Dieter. *Constitutionalism*: past, present and future. Oxford University Press, 2016.

HEIDEGGER, Martin. *Ser e tempo*. Tradução de Márcia Sá Cavalcante Schubak. Petrópolis: Vozes; Bragança Paulista: Editora Universitária São Francisco, 2013.

HESSE, Konrad. *Derecho constitucional y derecho privado*. Tradução de Ignacio Gutiérrez Gutiérrez. Madrid: Editorial Civitas, 1995.

HESSE, Konrad. *Elementos de direito constitucional da República Federal da Alemanha*. Tradução de Luís Afonso Heck. Porto Alegre: Sergio Antonio Fabris Editor, 1998.

HORTA, Raul Machado. *Constituição, direitos sociais e normas programáticas*. 4. ed. Revista do Tribunal de Contas do Estado de Minas Gerais, 1998.

JUSTEN FILHO, Marçal. *Comentários à lei de licitações e contratos administrativos*. 11. ed. São Paulo: Dialética, 2005.

KANT, Immanuel. *Crítica da razão pura*. Petrópolis: Vozes, 2013.

KELSEN, Hans. *Teoria pura do direito*. Tradução de João Baptista Machado. São Paulo: Martins Fontes, 2006.

LUHMANN, Niklas. *El derecho de la sociedad*. México: Universidad Iberoamericana, 2002.

LUKÁCS, György. *História e consciência de classe*: estudos de dialética marxista. Tradução de Telma Costa. Revisão Manuel A. Resende e Carlos Cruz. 2. ed. Rio de Janeiro: Elfos; Porto, Portugal, Publicações Escorpião, 1989.

MAGALHÃES, Andréa. *Jurisprudência da crise*: uma perspectiva pragmática. Rio de Janeiro: Lumen Juris, 2017.

MARTINS, Sergio Pinto. *A terceirização e o direito do trabalho*. São Paulo: Atlas, 2011.

MAXIMILIANO, Carlos. *Hermenêutica e aplicação do direito*. Rio de Janeiro: Forense, 2006.

MELLO FILHO, Luiz Phillippe Vieira de; DUTRA, Renata Queiroz. A terceirização de atividade-fim: caminhos e descaminhos para a cidadania no trabalho. *Revista TST*, Brasília, v. 80, n. 3, jul./set. 2014.

MENDES, Gilmar Ferreira; BRANCO, Paulo Gustavo Gonet. *Curso de direito constitucional.* São Paulo: Saraiva, 2015.

MIRAGLIA, Lívia Mendes Moreira. *A terceirização trabalhista no Brasil.* São Paulo: Quartier Latin, 2008.

MÜLLER, Friedrich. *Teoria estruturante do direito.* Tradução de Peter Naumann e Eurides Avance de Souza. São Paulo: Revista dos Tribunais, 2011.

NASCIMENTO, Amauri Mascaro. *Curso de direito do trabalho*: história e teoria geral do direito do trabalho: relações individuais e coletivas do trabalho. São Paulo: Saraiva, 2016.

OTTO, Hansjörg. *Arbeitsrecht*, 4. Auflage. De Gruyter, 2012.

PAIXÃO, Cristiano; LOURENÇO FILHOS, Ricardo. Impactos da terceirização no mundo do trabalho: tempo, espaço e subjetividade. *Revista TST*, Brasília, v. 80, n. 3, jul./set. 2014.

PÉLISSIER, Jean; SUPIOT, Alain; JEAMMAUD, Antoine. *Droit du travail.* 21. éd. Paris: Dalloz, 2002.

POCHMANN, Márcio. *A superterceirização do trabalho.* São Paulo: Revista dos Tribunais, 2008.

RAMALHO, Maria do Rosário Palma. *Da autonomia dogmática do Direito do Trabalho.* Coimbra: Almedina, 2000.

ROMITA, Arion Sayão. *Direitos fundamentais nas relações de trabalho.* São Paulo: LTr, 2014.

ROSENFELD, Michel. *A identidade do sujeito constitucional.* Tradução de Menelick de Carvalho Netto. Belo Horizonte, Mandamentos, 2003.

RÜTHERS, Bernd. *Arbeitsrecht.* Stuttgart: W. Kohlhammer Verlag, 2007.

SARLET, Ingo Wolfgang. *A eficácia dos direitos fundamentais*: uma teoria geral dos direitos fundamentais na perspectiva constitucional. Porto Alegre: Livraria do Advogado, 2015.

SARMENTO, Daniel. *Dignidade da pessoa humana*: conteúdo, trajetórias e metodologia. Belo Horizonte: Fórum, 2016.

SILVA, Virgílio Afonso da. *A constitucionalização do direito*: os direitos fundamentais nas relações entre particulares. São Paulo: Malheiros, 2011.

SMITH, Adam. *A riqueza das nações.* Tradução de Maria Teresa de Lemos Lima. Curitiba: Juruá, 2007.

SOUZA NETO, Cláudio Pereira de; SARMENTO, Daniel. *Direito constitucional.* Teoria, história e métodos de trabalho. Belo Horizonte: Fórum, 2012.

SUNSTEIN, Cass R.; VERMEULE, Adrian. *Interpretations and Institutions.* John M. Olin Program in Law and Economics Working Paper nº. 156, 2002.

VIANA, Márcio Túlio. *70 anos de CLT*: uma história de trabalhadores. Brasília: Tribunal Superior do Trabalho, 2013.

ANEXOS

ANEXO I

LEI Nº 13.429, DE 31 DE MARÇO DE 2017

Altera dispositivos da Lei nº 6.019, de 03 de janeiro de 1974, que dispõe sobre o trabalho temporário nas empresas urbanas e dá outras providências; e dispõe sobre as relações de trabalho na empresa de prestação de serviços a terceiros.

O PRESIDENTE DA REPÚBLICA Faço saber que o Congresso Nacional decreta e eu sanciono a seguinte Lei:

Art. 1º Os arts. 1º, 2º, 4º, 5º, 6º, 9º, 10, o parágrafo único do art. 11 e o art. 12 da Lei nº 6.019, de 03 de janeiro de 1974, passam a vigorar com a seguinte redação:
"Art. 1º As relações de trabalho na empresa de trabalho temporário, na empresa de prestação de serviços e nas respectivas tomadoras de serviço e contratante regem-se por esta Lei." (NR)
"Art. 2º Trabalho temporário é aquele prestado por pessoa física contratada por uma empresa de trabalho temporário que a coloca à disposição de uma empresa tomadora de serviços, para atender à necessidade de substituição transitória de pessoal permanente ou à demanda complementar de serviços.
§1º É proibida a contratação de trabalho temporário para a substituição de trabalhadores em greve, salvo nos casos previstos em lei.
§2º Considera-se complementar a demanda de serviços que seja oriunda de fatores imprevisíveis ou, quando decorrente de fatores previsíveis, tenha natureza intermitente, periódica ou sazonal." (NR)

"Art. 4º Empresa de trabalho temporário é a pessoa jurídica, devidamente registrada no Ministério do Trabalho, responsável pela colocação de trabalhadores à disposição de outras empresas temporariamente." (NR)

"Art. 5º Empresa tomadora de serviços é a pessoa jurídica ou entidade a ela equiparada que celebra contrato de prestação de trabalho temporário com a empresa definida no art. 4º desta Lei." (NR)

"Art. 6º São requisitos para funcionamento e registro da empresa de trabalho temporário no Ministério do Trabalho:
a) (revogada);
b) (revogada);
c) (revogada);
d) (revogada);
e) (revogada);
f) (revogada);
I - prova de inscrição no Cadastro Nacional da Pessoa Jurídica (CNPJ), do Ministério da Fazenda;
II - prova do competente registro na Junta Comercial da localidade em que tenha sede;
III - prova de possuir capital social de, no mínimo, R$100.000,00 (cem mil reais).
Parágrafo único. (Revogado)." (NR)

"Art. 9º O contrato celebrado pela empresa de trabalho temporário e a tomadora de serviços será por escrito, ficará à disposição da autoridade fiscalizadora no estabelecimento da tomadora de serviços e conterá:
I - qualificação das partes;
II - motivo justificador da demanda de trabalho temporário;
III - prazo da prestação de serviços;
IV - valor da prestação de serviços;
V - disposições sobre a segurança e a saúde do trabalhador, independentemente do local de realização do trabalho.

§1º É responsabilidade da empresa contratante garantir as condições de segurança, higiene e salubridade dos trabalhadores, quando o trabalho for realizado em suas dependências ou em local por ela designado.

§2º A contratante estenderá ao trabalhador da empresa de trabalho temporário o mesmo atendimento médico, ambulatorial e de refeição destinado aos seus empregados, existente nas dependências da contratante, ou local por ela designado.

§3º O contrato de trabalho temporário pode versar sobre o desenvolvimento de atividades-meio e atividades-fim a serem executadas na empresa tomadora de serviços." (NR)

"Art. 10. Qualquer que seja o ramo da empresa tomadora de serviços, não existe vínculo de emprego entre ela e os trabalhadores contratados pelas empresas de trabalho temporário.

§1º O contrato de trabalho temporário, com relação ao mesmo empregador, não poderá exceder ao prazo de cento e oitenta dias, consecutivos ou não.

§2º O contrato poderá ser prorrogado por até noventa dias, consecutivos ou não, além do prazo estabelecido no §1º deste artigo, quando comprovada a manutenção das condições que o ensejaram.

§3º (VETADO).

§4º Não se aplica ao trabalhador temporário, contratado pela tomadora de serviços, o contrato de experiência previsto no parágrafo único do art. 445 da Consolidação das Leis do Trabalho (CLT), aprovada pelo Decreto-Lei nº 5.452, de 1º de maio de 1943.

§5º O trabalhador temporário que cumprir o período estipulado nos §§1º e 2º deste artigo somente poderá ser colocado à disposição da mesma tomadora de serviços em novo contrato temporário, após noventa dias do término do contrato anterior.

§6º A contratação anterior ao prazo previsto no §5º deste artigo caracteriza vínculo empregatício com a tomadora.

§7º A contratante é subsidiariamente responsável pelas obrigações trabalhistas referentes ao período em que ocorrer o trabalho temporário, e o recolhimento das contribuições previdenciárias observará o disposto no art. 31 da Lei nº 8.212, de 24 de julho de 1991." (NR)

"Art. 11. [...]
Parágrafo único. (VETADO)." (NR)
"Art. 12. (VETADO)." (NR)

Art. 2º A Lei nº 6.019, de 3 de janeiro de 1974, passa a vigorar acrescida dos seguintes arts. 4º-A, 4º-B, 5º-A, 5º-B, 19-A, 19-B e 19-C:

"Art. 4º-A. Empresa prestadora de serviços a terceiros é a pessoa jurídica de direito privado destinada a prestar à contratante serviços determinados e específicos.

§1º A empresa prestadora de serviços contrata, remunera e dirige o trabalho realizado por seus trabalhadores, ou subcontrata outras empresas para realização desses serviços.

§2º Não se configura vínculo empregatício entre os trabalhadores, ou sócios das empresas prestadoras de serviços, qualquer que seja o seu ramo, e a empresa contratante."

"Art. 4º-B. São requisitos para o funcionamento da empresa de prestação de serviços a terceiros:

I - prova de inscrição no Cadastro Nacional da Pessoa Jurídica (CNPJ);

II - registro na Junta Comercial;

III - capital social compatível com o número de empregados, observando-se os seguintes parâmetros:

a) empresas com até dez empregados – capital mínimo de R$10.000,00 (dez mil reais);

b) empresas com mais de dez e até vinte empregados – capital mínimo de R$25.000,00 (vinte e cinco mil reais);

c) empresas com mais de vinte e até cinquenta empregados – capital mínimo de R$45.000,00 (quarenta e cinco mil reais);

d) empresas com mais de cinquenta e até cem empregados – capital mínimo de R$100.000,00 (cem mil reais); e

e) empresas com mais de cem empregados - capital mínimo de R$250.000,00 (duzentos e cinquenta mil reais)."

"Art. 5º-A. Contratante é a pessoa física ou jurídica que celebra contrato com empresa de prestação de serviços determinados e específicos.

§1º É vedada à contratante a utilização dos trabalhadores em atividades distintas daquelas que foram objeto do contrato com a empresa prestadora de serviços.

§2º Os serviços contratados poderão ser executados nas instalações físicas da empresa contratante ou em outro local, de comum acordo entre as partes.

§3º É responsabilidade da contratante garantir as condições de segurança, higiene e salubridade dos trabalhadores, quando o trabalho for realizado em suas dependências ou local previamente convencionado em contrato.

§4º A contratante poderá estender ao trabalhador da empresa de prestação de serviços o mesmo atendimento médico, ambulatorial e de refeição destinado aos seus empregados, existente nas dependências da contratante, ou local por ela designado.

§5º A empresa contratante é subsidiariamente responsável pelas obrigações trabalhistas referentes ao período em que ocorrer a prestação de serviços, e o recolhimento das contribuições previdenciárias observará o disposto no art. 31 da Lei nº 8.212, de 24 de julho de 1991."

"Art. 5º-B. O contrato de prestação de serviços conterá:
I - qualificação das partes;
II - especificação do serviço a ser prestado;
III - prazo para realização do serviço, quando for o caso;
IV - valor."

"Art. 19-A. O descumprimento do disposto nesta Lei sujeita a empresa infratora ao pagamento de multa.

Parágrafo único. A fiscalização, a autuação e o processo de imposição das multas reger-se-ão pelo Título VII da Consolidação das Leis do Trabalho (CLT), aprovada pelo Decreto-Lei nº 5.452, de 1º de maio de 1943."

"Art. 19-B. O disposto nesta Lei não se aplica às empresas de vigilância e transporte de valores, permanecendo as respectivas relações de trabalho reguladas por legislação especial, e subsidiariamente pela Consolidação das Leis do Trabalho (CLT), aprovada pelo Decreto-Lei nº 5.452, de 1º de maio de 1943."

"Art. 19-C. Os contratos em vigência, se as partes assim acordarem, poderão ser adequados aos termos desta Lei."

Art. 3º Esta Lei entra em vigor na data de sua publicação.

Brasília, 31 de março de 2017; 196º da Independência e 129º da República.

Michel Temer
Antonio Correia de Almeida
Eliseu Padilha

Trechos da Lei nº 13.467/2017 sobre terceirização

LEI Nº 13.467, DE 13 DE JULHO DE 2017

Altera a Consolidação das Leis do Trabalho (CLT), aprovada pelo Decreto-Lei nº 5.452, de 1º de maio de 1943, e as Leis nºs 6.019, de 03 de janeiro de 1974, 8.036, de 11 de maio de 1990, e 8.212, de 24 de julho de 1991, a fim de adequar a legislação às novas relações de trabalho.

Art. 2º A Lei nº 6.019, de 03 de janeiro de 1974, passa a vigorar com as seguintes alterações:

"Art. 4º-A. Considera-se prestação de serviços a terceiros a transferência feita pela contratante da execução de quaisquer de suas atividades, inclusive sua atividade principal, à pessoa jurídica de direito privado prestadora de serviços que possua capacidade econômica compatível com a sua execução. [...]" (NR)

"Art. 4º-C. São asseguradas aos empregados da empresa prestadora de serviços a que se refere o art. 4º-A desta Lei, quando e enquanto os serviços, que podem ser de qualquer uma das atividades da contratante, forem executados nas dependências da tomadora, as mesmas condições:

I - relativas a:

a) alimentação garantida aos empregados da contratante, quando oferecida em refeitórios;

b) direito de utilizar os serviços de transporte;

c) atendimento médico ou ambulatorial existente nas dependências da contratante ou local por ela designado;

d) treinamento adequado, fornecido pela contratada, quando a atividade o exigir.

II - sanitárias, de medidas de proteção à saúde e de segurança no trabalho e de instalações adequadas à prestação do serviço.

§1º Contratante e contratada poderão estabelecer, se assim entenderem, que os empregados da contratada farão jus a salário equivalente ao pago aos empregados da contratante, além de outros direitos não previstos neste artigo.

§2º Nos contratos que impliquem mobilização de empregados da contratada em número igual ou superior a 20% (vinte por cento) dos empregados da contratante, esta poderá disponibilizar aos empregados da contratada os serviços de alimentação e atendimento ambulatorial em outros locais apropriados e com igual padrão de atendimento, com vistas a manter o pleno funcionamento dos serviços existentes."

"Art. 5º-A. Contratante é a pessoa física ou jurídica que celebra contrato com empresa de prestação de serviços relacionados a quaisquer de suas atividades, inclusive sua atividade principal. [...]" (NR)

"Art. 5º-C. Não pode figurar como contratada, nos termos do art. 4º-A desta Lei, a pessoa jurídica cujos titulares ou sócios tenham, nos últimos dezoito meses, prestado serviços à contratante na qualidade de empregado ou trabalhador sem vínculo empregatício, exceto se os referidos titulares ou sócios forem aposentados.

"Art. 5º-D. O empregado que for demitido não poderá prestar serviços para esta mesma empresa na qualidade de empregado de empresa prestadora de serviços antes do decurso de prazo de dezoito meses, contados a partir da demissão do empregado."

Art. 6º Esta Lei entra em vigor após decorridos cento e vinte dias de sua publicação oficial.

Brasília, 13 de julho de 2017; 196º da Independência e 129º da República.

Michel Temer
Torquato Jardim
Ronaldo Nogueira de Oliveira

Este texto não substitui o publicado no DOU, de 14.07.2017

LEI Nº 6.019/74

(com as alterações da Lei nº 13.429/19)

Dispõe sobre o Trabalho Temporário nas Empresas Urbanas, e dá outras Providências.

O PRESIDENTE DA REPÚBLICA: Faço saber que o Congresso Nacional decreta e eu sanciono a seguinte Lei:

Art. 1º As relações de trabalho na empresa de trabalho temporário, na empresa de prestação de serviços e nas respectivas tomadoras de serviço e contratante regem-se por esta Lei. (Redação dada pela Lei nº 13.429, de 2017)

Art. 2º Trabalho temporário é aquele prestado por pessoa física contratada por uma empresa de trabalho temporário que a coloca à disposição de uma empresa tomadora de serviços, para atender à necessidade de substituição transitória de pessoal permanente ou à demanda complementar de serviços. (Redação dada pela Lei nº 13.429, de 2017)

§1º É proibida a contratação de trabalho temporário para a substituição de trabalhadores em greve, salvo nos casos previstos em lei. (Incluído pela Lei nº 13.429, de 2017)

§2º Considera-se complementar a demanda de serviços que seja oriunda de fatores imprevisíveis ou, quando decorrente de fatores previsíveis, tenha natureza intermitente, periódica ou sazonal. (Incluído pela Lei nº 13.429, de 2017)

Art. 3º É reconhecida a atividade da empresa de trabalho temporário que passa a integrar o plano básico do enquadramento sindical a que se refere o art. 577, da Consolidação das Leis do Trabalho.

Art. 4º Empresa de trabalho temporário é a pessoa jurídica, devidamente registrada no Ministério do Trabalho, responsável pela colocação de trabalhadores à disposição de outras empresas temporariamente. (Redação dada pela Lei nº 13.429, de 2017)

~~Art. 4º-A. Empresa prestadora de serviços a terceiros é a pessoa jurídica de direito privado destinada a prestar à contratante serviços determinados e específicos. (Incluído pela Lei nº 13.429, de 2017)~~

Art. 4º-A Considera-se prestação de serviços a terceiros a transferência feita pela contratante da execução de quaisquer de suas atividades, inclusive sua atividade principal, à pessoa jurídica de direito privado prestadora de serviços que possua capacidade econômica compatível com a sua execução. (Redação dada pela Lei nº 13.467, de 2017)

§1º A empresa prestadora de serviços contrata, remunera e dirige o trabalho realizado por seus trabalhadores, ou subcontrata outras empresas para realização desses serviços. (Incluído pela Lei nº 13.429, de 2017)

§2º Não se configura vínculo empregatício entre os trabalhadores, ou sócios das empresas prestadoras de serviços, qualquer que seja o seu ramo, e a empresa contratante. (Incluído pela Lei nº 13.429, de 2017)

Art. 4º-B São requisitos para o funcionamento da empresa de prestação de serviços a terceiros: (Incluído pela Lei nº 13.429, de 2017)

I - prova de inscrição no Cadastro Nacional da Pessoa Jurídica (CNPJ); (Incluído pela Lei nº 13.429, de 2017)

II - registro na Junta Comercial; (Incluído pela Lei nº 13.429, de 2017)

III - capital social compatível com o número de empregados, observando-se os seguintes parâmetros: (Incluído pela Lei nº 13.429, de 2017)

a) empresas com até dez empregados – capital mínimo de R$10.000,00 (dez mil reais); (Incluído pela Lei nº 13.429, de 2017)

b) empresas com mais de dez e até vinte empregados – capital mínimo de R$25.000,00 (vinte e cinco mil reais); (Incluído pela Lei nº 13.429, de 2017)

c) empresas com mais de vinte e até cinquenta empregados – capital mínimo de R$45.000,00 (quarenta e cinco mil reais); (Incluído pela Lei nº 13.429, de 2017)

d) empresas com mais de cinquenta e até cem empregados – capital mínimo de R$100.000,00 (cem mil reais); e (Incluído pela Lei nº 13.429, de 2017)

e) empresas com mais de cem empregados - capital mínimo de R$250.000,00 (duzentos e cinquenta mil reais). (Incluído pela Lei nº 13.429, de 2017)

Art. 4º-C São asseguradas aos empregados da empresa prestadora de serviços a que se refere o art. 4º-A desta Lei, quando e enquanto os serviços, que podem ser de qualquer uma das atividades da contratante, forem executados nas dependências da tomadora, as mesmas condições: (Incluído pela Lei nº 13.467, de 2017)

I - relativas a: (Incluído pela Lei nº 13.467, de 2017)

a) alimentação garantida aos empregados da contratante, quando oferecida em refeitórios; (Incluído pela Lei nº 13.467, de 2017)

b) direito de utilizar os serviços de transporte; (Incluído pela Lei nº 13.467, de 2017)

c) atendimento médico ou ambulatorial existente nas dependências da contratante ou local por ela designado; (Incluído pela Lei nº 13.467, de 2017)

d) treinamento adequado, fornecido pela contratada, quando a atividade o exigir. (Incluído pela Lei nº 13.429, de 2017)

II - sanitárias, de medidas de proteção à saúde e de segurança no trabalho e de instalações adequadas à prestação do serviço. (Incluído pela Lei nº 13.467, de 2017)

§1º Contratante e contratada poderão estabelecer, se assim entenderem, que os empregados da contratada farão jus a salário equivalente ao pago aos empregados da contratante, além de outros direitos não previstos neste artigo. (Incluído pela Lei nº 13.467, de 2017)

§2º Nos contratos que impliquem mobilização de empregados da contratada em número igual ou superior a 20% (vinte por cento) dos empregados da contratante, esta poderá disponibilizar aos empregados da contratada os serviços de alimentação e atendimento ambulatorial em outros locais apropriados e com igual padrão de atendimento, com vistas a manter o pleno funcionamento dos serviços existentes. (Incluído pela Lei nº 13.467, de 2017)

Art. 5º Empresa tomadora de serviços é a pessoa jurídica ou entidade a ela equiparada que celebra contrato de prestação de trabalho temporário com a empresa definida no art. 4º desta Lei. (Redação dada pela Lei nº 13.429, de 2017)

~~Art. 5º-A. Contratante é a pessoa física ou jurídica que celebra contrato com empresa de prestação de serviços determinados e específicos. (Incluído pela Lei nº 13.429, de 2017)~~

Art. 5º-A Contratante é a pessoa física ou jurídica que celebra contrato com empresa de prestação de serviços relacionados a quaisquer de suas atividades, inclusive sua atividade principal. (Redação dada pela Lei nº 13.467, de 2017)

§1º É vedada à contratante a utilização dos trabalhadores em atividades distintas daquelas que foram objeto do contrato com a empresa prestadora de serviços. (Incluído pela Lei nº 13.429, de 2017)

§2º Os serviços contratados poderão ser executados nas instalações físicas da empresa contratante ou em outro local, de comum acordo entre as partes. (Incluído pela Lei nº 13.429, de 2017)

§3º É responsabilidade da contratante garantir as condições de segurança, higiene e salubridade dos trabalhadores, quando o trabalho for realizado em suas dependências ou local previamente convencionado em contrato. (Incluído pela Lei nº 13.429, de 2017)

§4º A contratante poderá estender ao trabalhador da empresa de prestação de serviços o mesmo atendimento médico, ambulatorial e de refeição destinado aos seus empregados, existente nas dependências da contratante, ou local por ela designado. (Incluído pela Lei nº 13.429, de 2017)

§5º A empresa contratante é subsidiariamente responsável pelas obrigações trabalhistas referentes ao período em que ocorrer a prestação de serviços, e o recolhimento das contribuições previdenciárias observará o disposto no art. 31 da Lei no 8.212, de 24 de julho de 1991. (Incluído pela Lei nº 13.429, de 2017)

Art. 5º-B O contrato de prestação de serviços conterá: (Incluído pela Lei nº 13.429, de 2017)
I - qualificação das partes; (Incluído pela Lei nº 13.429, de 2017)
II - especificação do serviço a ser prestado; (Incluído pela Lei nº 13.429, de 2017)
III - prazo para realização do serviço, quando for o caso; (Incluído pela Lei nº 13.429, de 2017)
IV - valor. (Incluído pela Lei nº 13.429, de 2017)

Art. 5º-C Não pode figurar como contratada, nos termos do art. 4º-A desta Lei, a pessoa jurídica cujos titulares ou sócios tenham, nos últimos dezoito meses, prestado serviços à contratante na qualidade de empregado ou trabalhador sem vínculo empregatício, exceto se os referidos titulares ou sócios forem aposentados. (Incluído pela Lei nº 13.467, de 2017)

Art. 5º-D O empregado que for demitido não poderá prestar serviços para esta mesma empresa na qualidade de empregado de empresa prestadora de serviços antes do decurso de prazo de dezoito meses, contados a partir da demissão do empregado. (Incluído pela Lei nº 13.467, de 2017)

Art. 6º São requisitos para funcionamento e registro da empresa de trabalho temporário no Ministério do Trabalho: (Redação dada pela Lei nº 13.429, de 2017)
  a) (revogada); (Redação dada pela Lei nº 13.429, de 2017)
  b) (revogada); (Redação dada pela Lei nº 13.429, de 2017)
  c) (revogada); (Redação dada pela Lei nº 13.429, de 2017)
  d) (revogada); (Redação dada pela Lei nº 13.429, de 2017)
  e) (revogada); (Redação dada pela Lei nº 13.429, de 2017)
  f) (revogada); (Redação dada pela Lei nº 13.429, de 2017)

I - prova de inscrição no Cadastro Nacional da Pessoa Jurídica (CNPJ), do Ministério da Fazenda; (Incluído pela Lei nº 13.429, de 2017)

II - prova do competente registro na Junta Comercial da localidade em que tenha sede; (Incluído pela Lei nº 13.429, de 2017)

III - prova de possuir capital social de, no mínimo, R$100.000,00 (cem mil reais). (Incluído pela Lei nº 13.429, de 2017)

Parágrafo único. (Revogado). (Redação dada pela Lei nº 13.429, de 2017)

Art. 7º A empresa de trabalho temporário que estiver funcionando na data da vigência desta Lei terá o prazo de noventa dias para o atendimento das exigências contidas no artigo anterior.

Parágrafo único. A empresa infratora do presente artigo poderá ter o seu funcionamento suspenso, por ato do Diretor Geral do Departamento Nacional de Mão-de-Obra, cabendo recurso ao Ministro de Estado, no prazo de dez dias, a contar da publicação do ato no Diário Oficial da União.

Art. 8º A empresa de trabalho temporário é obrigada a fornecer ao Departamento Nacional de Mão-de-Obra, quando solicitada, os elementos de informação julgados necessários ao estudo do mercado de trabalho.

Art. 9º O contrato celebrado pela empresa de trabalho temporário e a tomadora de serviços será por escrito, ficará à disposição da autoridade fiscalizadora no estabelecimento da tomadora de serviços e conterá: (Redação dada pela Lei nº 13.429, de 2017)

I - qualificação das partes; (Incluído pela Lei nº 13.429, de 2017)

II - motivo justificador da demanda de trabalho temporário; (Incluído pela Lei nº 13.429, de 2017)

III - prazo da prestação de serviços; (Incluído pela Lei nº 13.429, de 2017)

IV - valor da prestação de serviços; (Incluído pela Lei nº 13.429, de 2017)

V - disposições sobre a segurança e a saúde do trabalhador, independentemente do local de realização do trabalho. (Incluído pela Lei nº 13.429, de 2017)

§1º É responsabilidade da empresa contratante garantir as condições de segurança, higiene e salubridade dos trabalhadores, quando o trabalho for realizado em suas dependências ou em local por ela designado. (Incluído pela Lei nº 13.429, de 2017)

§2º A contratante estenderá ao trabalhador da empresa de trabalho temporário o mesmo atendimento médico, ambulatorial e de refeição destinado aos seus empregados, existente nas dependências da contratante, ou local por ela designado. (Incluído pela Lei nº 13.429, de 2017)

§3º O contrato de trabalho temporário pode versar sobre o desenvolvimento de atividades-meio e atividades-fim a serem executadas na empresa tomadora de serviços. (Incluído pela Lei nº 13.429, de 2017)

Art. 10. Qualquer que seja o ramo da empresa tomadora de serviços, não existe vínculo de emprego entre ela e os trabalhadores contratados pelas empresas de trabalho temporário. (Redação dada pela Lei nº 13.429, de 2017)

§1º O contrato de trabalho temporário, com relação ao mesmo empregador, não poderá exceder ao prazo de cento e oitenta dias, consecutivos ou não. (Incluído pela Lei nº 13.429, de 2017)

§2º O contrato poderá ser prorrogado por até noventa dias, consecutivos ou não, além do prazo estabelecido no §1o deste artigo, quando comprovada a manutenção das condições que o ensejaram. (Incluído pela Lei nº 13.429, de 2017)

§3º (VETADO). (Incluído pela Lei nº 13.429, de 2017)

§4º Não se aplica ao trabalhador temporário, contratado pela tomadora de serviços, o contrato de experiência previsto no parágrafo único do art. 445 da Consolidação das Leis do Trabalho (CLT), aprovada pelo Decreto-Lei nº 5.452, de 1º de maio de 1943. (Incluído pela Lei nº 13.429, de 2017)

§5º O trabalhador temporário que cumprir o período estipulado nos §§1º e 2º deste artigo somente poderá ser colocado à disposição da mesma tomadora de serviços em novo contrato temporário, após noventa dias do término do contrato anterior. (Incluído pela Lei nº 13.429, de 2017)

§6º A contratação anterior ao prazo previsto no §5º deste artigo caracteriza vínculo empregatício com a tomadora.

§7º A contratante é subsidiariamente responsável pelas obrigações trabalhistas referentes ao período em que ocorrer o trabalho temporário, e o recolhimento das contribuições previdenciárias observará o disposto no art. 31 da Lei nº 8.212, de 24 de julho de 1991. (Incluído pela Lei nº 13.429, de 2017)

Art. 11. O contrato de trabalho celebrado entre empresa de trabalho temporário e cada um dos assalariados colocados à disposição de uma empresa tomadora ou cliente será, obrigatoriamente, escrito e dele deverão constar, expressamente, os direitos conferidos aos trabalhadores por esta Lei.

Parágrafo único. Será nula de pleno direito qualquer cláusula de reserva, proibindo a contratação do trabalhador pela empresa tomadora ou cliente ao fim do prazo em que tenha sido colocado à sua disposição pela empresa de trabalho temporário.

Art. 12. Ficam assegurados ao trabalhador temporário os seguintes direitos:

a) remuneração equivalente à percebida pelos empregados de mesma categoria da empresa tomadora ou cliente calculados à base horária, garantida, em qualquer hipótese, a percepção do salário mínimo regional;

b) jornada de oito horas, remuneradas as horas extraordinárias não excedentes de duas, com acréscimo de 20% (vinte por cento);

c) férias proporcionais, nos termos do artigo 25 da Lei nº 5.107, de 13 de setembro de 1966;

d) repouso semanal remunerado;

e) adicional por trabalho noturno;

f) indenização por dispensa sem justa causa ou término normal do contrato, correspondente a 1/12 (um doze avos) do pagamento recebido;

g) seguro contra acidente do trabalho;

h) proteção previdenciária nos termos do disposto na Lei Orgânica da Previdência Social, com as alterações introduzidas pela Lei nº 5.890, de 08 de junho de 1973 (art. 5º, item III, letra "c" do Decreto nº 72.771, de 06 de setembro de 1973).

§1º Registrar-se-á na Carteira de Trabalho e Previdência Social do trabalhador sua condição de temporário.

§2º A empresa tomadora ou cliente é obrigada a comunicar à empresa de trabalho temporário a ocorrência de todo acidente cuja vítima seja um assalariado posto à sua disposição, considerando-se local de trabalho, para efeito da legislação específica, tanto aquele onde se efetua a prestação do trabalho, quanto a sede da empresa de trabalho temporário.

Art. 13. Constituem justa causa para rescisão do contrato do trabalhador temporário os atos e circunstâncias mencionados nos artigos 482 e 483, da Consolidação das Leis do Trabalho, ocorrentes entre o trabalhador e a empresa de trabalho temporário ou entre aquele e a empresa cliente onde estiver prestando serviço.

Art. 14. As empresas de trabalho temporário são obrigadas a fornecer às empresas tomadoras ou clientes, a seu pedido, comprovante da regularidade de sua situação com o Instituto Nacional de Previdência Social.

Art. 15. A Fiscalização do Trabalho poderá exigir da empresa tomadora ou cliente a apresentação do contrato firmado com a empresa de trabalho temporário, e, desta última o contrato firmado com o trabalhador, bem como a comprovação do respectivo recolhimento das contribuições previdenciárias.

Art. 16. No caso de falência da empresa de trabalho temporário, a empresa tomadora ou cliente é solidariamente responsável pelo recolhimento das contribuições previdenciárias, no tocante ao tempo em que o trabalhador esteve sob suas ordens, assim como em referência ao mesmo período, pela remuneração e indenização previstas nesta Lei.

Art. 17. É defeso às empresas de prestação de serviço temporário a contratação de estrangeiros com visto provisório de permanência no País.

Art. 18. É vedado à empresa do trabalho temporário cobrar do trabalhador qualquer importância, mesmo a título de mediação, podendo apenas efetuar os descontos previstos em Lei.

Parágrafo único. A infração deste artigo importa no cancelamento do registro para funcionamento da empresa de trabalho temporário, sem prejuízo das sanções administrativas e penais cabíveis.

Art. 19. Competirá à Justiça do Trabalho dirimir os litígios entre as empresas de serviço temporário e seus trabalhadores.

Art. 19-A. O descumprimento do disposto nesta Lei sujeita a empresa infratora ao pagamento de multa. (Incluído pela Lei nº 13.429, de 2017)

Parágrafo único. A fiscalização, a autuação e o processo de imposição das multas reger-se-ão pelo Título VII da Consolidação das Leis do Trabalho (CLT), aprovada pelo Decreto-Lei nº 5.452, de 1º de maio de 1943.

Art. 19-B. O disposto nesta Lei não se aplica às empresas de vigilância e transporte de valores, permanecendo as respectivas relações de trabalho reguladas por legislação especial, e subsidiariamente pela Consolidação das Leis do Trabalho (CLT), aprovada pelo Decreto-Lei no 5.452, de 1o de maio de 1943. (Incluído pela Lei nº 13.429, de 2017)

Art. 19-C. Os contratos em vigência, se as partes assim acordarem, poderão ser adequados aos termos desta Lei. (Incluído pela Lei nº 13.429, de 2017)

Art. 20. Esta Lei entrará em vigor sessenta dias após sua publicação, revogadas as disposições em contrário.

Brasília, 03 de janeiro de 1974; 153º da Independência e 86º da República.

Emílio G. Médici
Alfredo Buzaid
Júlio Barata